DIE NEUE ÖSTERREICHISCHE WEIGHT WATCHERS® KÜCHE

DIE NEUE ÖSTERREICHISCHE WEIGHT WATCHERS® KÜCHE

MIT 265 REZEPTEN
UND 31 TAGESMENÜPLÄNEN ZUM SCHLANKWERDEN
UND SCHLANKBLEIBEN

29 FARBTAFELN
NACH PHOTOGRAPHIEN VON
STEFAN LIEWEHR

1. Auflage

Published by arrangement with New American Library, New York

Rezeptredaktion: Rosemarie Topf
Nährstoffanalysen: Kiessling & Partner, Wien
Text, Redaktion & Projektleitung: Franziska Hejlek
Lektorat: Maria Seifert
Einbandphoto und Photos im Innenteil: Fotostudio Stefan Liewehr, Wien
Foodstyling: Manfred Buchinger, Wien
Art Direction: Thomas Braun, Wien
Umbruch: Andreas Kment, Wien
Technische Betreuung: Franz Hanns
Satz: Rathausky & Partner, Wien
Reproduktionen: Erich Korbel Reproservice, Wien
Druck und Bindung: Gutenberg Ges. m. b. H., Wiener Neustadt
ISBN 3-85447-386-9

Für die Photographien wurden Geschirr und Gläser von der Fa. Eisner,
die Steinplatten von der Fa. Bastrieri freundlicherweise zur Verfügung gestellt.

VORWORT

Speisen, die köstlich schmecken, einfach zuzubereiten sind und die das Schlankwerden oder Schlankbleiben leichtmachen – das klingt fast zu schön, um wahr zu sein. Im Rahmen des Weight Watchers Programmes ist dies möglich.

Dieses Kochbuch basiert auf
SCHLANK MIT LUST UND LAUNE
dem neuen Weight Watchers Programm.

Auf dem letzten Stand der Ernährungswissenschaft, zusammengestellt von Ärzten, Ernährungswissenschaftlern und Psychologen, bietet es mehr Auswahl und größere Flexibilität zur sicheren und effektiven Gewichtsreduktion als je zuvor. Denn gerade Langeweile beim Essen ist oft Grund für nicht zu Ende geführte Diäten.
Ausgewogene Mischkost, mit Rezepten von Vorspeisen, Hauptspeisen und Salaten bis zu süßen Nachspeisen, garantiert Zufriedenheit und damit die Möglichkeit, das Eßverhalten langfristig umzustellen.

Menüplan zum Schlankwerden

Zusätzlich enthält dieses Kochbuch einen Menüplan für 31 Tage, der dem Weight Watchers Programm der Stufe 2 (mittlere Stufe – für mittelschnelle Abnahme) für Damen entspricht. Rezepte aus diesem Kochbuch sind darin eingebunden.

Hinweise

Die Zutaten sind in der Reihenfolge der Verwendung im Rezept angeführt.

TL = Teelöffel, EL = Eßlöffel, MSP = Messerspitze.

Bei jedem Rezept finden Sie Angaben betreffend Kalorien, Joule, Eiweiß-, Fett- und Kohlenhydratgehalt sowie Broteinheiten (BE), die jeweils auf eine Portion bezogen sind.
Für Kenner von Weight Watchers wurden die anzurechnenden Portionen ebenfalls bei jedem Rezept vermerkt:

O = Obst; G = Gemüse; M = Milch; B = Brot, Getreide oder Kartoffeln; F = Fett; E = Eiweiß.

Von der Verwendung von rohem oder nur gering erhitztem Hühnerei ist abzuraten. Frühstückseier deshalb zumindest „kernweich“ kochen und Spiegeleier auf beiden Seiten braten – Eiweiß und Eidotter sollten nicht mehr flüssig sein.

DIE WEIGHT WATCHERS METHODE

Weight Watchers glaubt, daß Diäten allein nicht die Lösung für erfolgreiche Gewichtsreduktion sein können. Deshalb haben wir eine umfassende Methode zum Abnehmen entwickelt, das Programm *Schlank mit Lust und Laune,* das sich aus vier zueinander in Beziehung stehenden Elementen zusammensetzt:

- Das Ernährungsprogramm ist ein ausgewogener, vernünftiger Essens-Plan, der sich aus den verschiedenen normalen Nahrungsmitteln zusammensetzt. Es bietet drei unterschiedliche Stufen, die es ermöglichen, den persönlichen Bedürfnissen und Umständen Rechnung zu tragen und sich dem augenblicklichen Lebensstil anzupassen.
  Ein eigenes Programm, „Gewicht halten – so klappt's", für alle, die ihr Ziel erreicht haben, liefert die entscheidenden Fähigkeiten, um das Wunschgewicht dann ein Leben lang beizubehalten.

- Das psychologische Programm – „Keine Chance dem Frust" – läßt die Ursachen für das Übergewicht auf spielerische Art erkennen und meistern. Es unterstützt das Erlernen von vernünftigem Eßverhalten und enthält praktische Tips und Vorschläge, die das Selbstvertrauen stärken und helfen, auch kritische Situationen zu überstehen.

- Die Gruppenunterstützung ist das Markenzeichen von Weight Watchers. Geschulte Kursleiter/innen, die alle selbst erfolgreich abgenommen haben, halten die wöchentlichen Treffen ab. Dabei werden verschiedenste Themen zum Zweck des Erlernens von Verhaltensänderung und vernünftigem Eßverhalten diskutiert. Der/die Kursleiter/in vermittelt gemeinsam mit den Mitgliedern der Gruppe jede Woche die Motivation zum Einhalten des Programmes, bis das Ziel erreicht ist – und auch danach, damit der Erfolg bestehen bleibt.

- Das Bewegungsprogramm gibt Anleitung für diverse Bewegungsarten (wie Gehen, Radfahren, Schwimmen etc.) auf unterschiedlichen Leistungsstufen. Es unterstützt die Abnahme und bringt die Figur mit den richtigen Übungen wieder in Form.

Das Programm *Schlank mit Lust und Laune* wird in jedem der über 150 Kurse, die wöchentlich in ganz Österreich stattfinden, angeboten.

Der Weight Watchers Fernkurs

Als Alternative für alle, die nicht in einen Kurs kommen können oder wollen, bietet Weight Watchers den Fernkurs an. Der Kurs dauert mindestens 10 Wochen und kann danach wochenweise verlängert werden. Während dieser Zeit erhalten die Teilnehmer wöchentlich mit der Post alle Unterlagen zugeschickt, die sie zum Abnehmen brauchen. Bei Bedarf steht eine Betreuerin für telefonische Information und Motivation zur Verfügung.

KAPITELÜBERSICHT

TAGESMENÜPLÄNE

Diese 31 Tagesmenüpläne entsprechen dem Weight Watchers Programm *Schlank mit Lust und Laune* für Damen, Stufe 2 (Durchschnittlicher Kaloriengehalt: 1200/Tag).
Herren und Jugendliche müssen ihre täglichen Portionen entsprechend dem Weight Watchers Programm erhöhen.
Dieser Plan garantiert ausgewogene, abwechslungsreiche Ernährung und gleichzeitig optimalen Gewichtsverlust.
Die Mengenangaben beziehen sich, wenn nicht anders angegeben, auf eßfertige Nahrungsmittel.
Gemüse kann unbegrenzt und beliebig oft konsumiert werden – besonders auch zwischen den Mahlzeiten, um Hunger oder Appetit auf „leichtem" Weg zu stillen. Trinken Sie ausreichend Wasser – $1^1/_2$ bis 2 l pro Tag. Koffeinhaltige Getränke (z. B. Kaffee, schwarzer Tee oder kalorienreduzierte Cola-Getränke) sind in vernünftigen Mengen – 3 bis 4 Tassen bzw. Gläser pro Tag – erlaubt.
Nehmen Sie das als allgemeine Richtlinien. Weight Watchers empfiehlt Ihnen, einen Arzt zu befragen, bevor Sie eine Reduktionsdiät beginnen.

	1. TAG	2. TAG	3. TAG
FRÜHSTÜCK	1 kleine Orange 1 Ei 30 g Toastbrot 1 TL Pflanzenmargarine 1/8 l Magermilch	1/2 mittelgroße Banane 25 g Cornflakes 1/4 l Joghurt, bis 1% 1/2 TL Honig	1/8 l Orangensaft 100 g Magertopfen 25 g Knäckebrot 1 TL Pflanzenmargarine 1/4 l Magermilch
MITTAGESSEN	90 g Huhn, gebraten Champignons, gedünstet grüner Salat 1 TL Pflanzenöl 80 g Reis, gekocht	90 g Schweinskotelett, gegrillt 1/2 TL Pflanzenöl Zucchini Gurkensalat 1/2 TL Pflanzenöl 120 g Petersilienkartoffeln 1 TL Pflanzenmargarine	Gemüseplatte mit Spiegelei (Rezept Seite 58) 120 g Kartoffeln Birnenmeringue (Rezept Seite 146)
ABENDESSEN	80 g Hüttenkäse Tomaten Radieschen 30 g Grahambrot 1 TL Pflanzenmargarine 1/8 l Buttermilch 1 kleiner Apfel	60 g Thunfisch Spargel roter Paprika 30 g Mischbrot 1 TL Pflanzenmargarine 1/4 l Buttermilch	Linsensalat: 180 g Linsen, gekocht oder aus der Dose 1 kleine Zwiebel, feingehackt je 1/2 rote und gelbe Paprikaschote, in Streifen geschnitten 1 TL Pflanzenöl 30 g Vollkornbrot
ZWISCHENMAHLZEIT	1/4 l Joghurt, bis 1% 1 großer Pfirsich	150 g Erdbeeren 1 Kiwi	1/4 l Joghurt, bis 1% 100 g Ananas

	4. TAG	5. TAG	6. TAG	7. TAG
FRÜHSTÜCK	1 Kiwi 30 g Putenextra 30 g Semmel 1 TL Pflanzenmargarine 1/2 TL Marmelade 1/8 l Magermilch	1/2 mittelgroße Grapefruit 20 g Emmentaler 30 g Grahamweckerl 1/2 TL Pflanzenmargarine	1/8 l Orangensaft 30 g Schinken 30 g Leinsamenbrot 1 TL Pflanzenmargarine	20 g Rosinen 25 g Haferflocken 1/8 l Joghurt, bis 1% Kakao: 1/8 l Magermilch 2 TL Kakaopulver flüssiger Süßstoff
MITTAGESSEN	Klare Bouillon mit Kräutern 60 g Scholle, gebraten 1 TL Pflanzenöl Brokkoli 80 g Naturreis, gekocht	Kartoffelauflauf (Rezept Seite 48) gemischter Blattsalat 1/2 TL Pflanzenöl 1/4 l Diätpudding	Gemüsesuppe 160 g Hüttenkäse mit 1 großen Pfirsich, kleingeschnitten flüssigem Süßstoff 25 g Zwieback 1/4 l Buttermilch	90 g Huhn, gebraten Kohlrabi, gedünstet, mit 120 g frischen Erbsen 1/2 TL Pflanzenmargarine Tomatensalat 1/2 TL Pflanzenöl
ABENDESSEN	60 g Schinken Stangensellerie Tomaten 30 g Hausbrot 1 TL Pflanzenmargarine 1/4 l Buttermilch	90 g Truthahn, gegrillt Fenchel, gedünstet 1 TL Pflanzenmargarine Tomatensalat 120 g Hirse, gedünstet	90 g Dorsch, gebraten Mischgemüse 1 TL Pflanzenmargarine Rote-Rüben-Salat 1 TL Pflanzenöl 80 g Reis, gekocht	Überbackener Schinkentoast (Rezept Seite 30) gemischter Blattsalat 1/2 TL Pflanzenöl 1/8 l Grapefruitsaft
ZWISCHENMAHLZEIT	1/8 l Joghurt, bis 1% 50 g Magertopfen 150 g Erdbeeren	1/4 l Joghurt, bis 1% 80 g Weintrauben	1/4 l Magermilch	1/4 l Buttermilch

	8. TAG	9. TAG	10. TAG	11. TAG
FRÜHSTÜCK	1 Kiwi 100 g Magertopfen 30 g Roggenbrot 1/2 TL Pflanzenmargarine 1/4 l Magermilch	Topfen-Joghurt-Müsli (Rezept Seite 152)	1/2 mittelgroße Banane 80 g Hüttenkäse 30 g Vollkornbrot 1/2 TL Pflanzenmargarine 1/4 l Magermilch	1/8 l Grapefruitsaft 20 g Emmentaler 30 g Kornweckerl 1/8 l Magermilch
MITTAGESSEN	90 g Forelle, in der Folie Karotten, gedünstet 1 TL Pflanzenmargarine Blattsalat 1/2 TL Pflanzenöl 120 g Petersilien-kartoffeln	90 g Kalbfleisch, gedünstet Kohlsprossen 1 TL Pflanzenmargarine Radicchiosalat 1 TL Pflanzenöl 80 g Teigwaren	90 g Rindfleisch, gekocht Pikantes Weißkraut (Rezept Seite 126) 120 g Kartoffeln	Salatplatte mit 60 g Schinken 20 g Käse 1 TL Pflanzenöl 30 g Mischbrot 1/8 l Buttermilch
ABENDESSEN	60 g Putenkrakauer Jungzwiebeln Radieschen Tomaten 30 g Salzstangerl 1 TL Pflanzenmargarine	60 g Frankfurter Spinat mit 1 TL Pflanzenmargarine 1 TL Mehl 2 EL Buttermilch 30 g Landbrot	60 g Fisch, geräuchert Gewürzgurken Schwarzwurzelsalat 1 1/2 TL Mayonnaise, 50% 30 g Toastbrot 1 kleine Birne	Champignon-Kräuter-Omelette (Rezept Seite 54) Blattsalat 25 g Knäckebrot 1 kleiner Apfel
ZWISCHENMAHLZEIT	1/4 l Joghurt, bis 1% 150 g Wassermelone	1/4 l Diätpudding 1 mittelgroße Orange	1/4 l Buttermilch	1/4 l Joghurt, bis 1% 100 g Honigmelone

	12. TAG	13. TAG	14. TAG	15. TAG
FRÜHSTÜCK	150 g Erdbeeren 25 g Cornflakes 1/4 l Joghurt, bis 1%	1 große Nektarine 30 g Putenkrakauer 30 g Roggenbrot 1 TL Pflanzenmargarine 1/4 l Magermilch	1/8 l Orangensaft 100 g Magertopfen 1/2 TL Honig 25 g Zwieback Kakao: 1/4 l Magermilch 4 TL Kakaopulver flüssiger Süßstoff	20 g gemischte, getrocknete Früchte 25 g Haferflocken 1/8 l Magermilch
MITTAGESSEN	90 g Huhn, gegrillt Melanzani grüner Salat 2 TL Pflanzenöl 80 g Reis, gekocht	Rohkostteller: Paprika, Karotten, Tomaten, Sellerie 1 TL Olivenöl Kräuter Überbackener Semmelauflauf (Rezept Seite 142)	90 g Dorsch, gedünstet 1 TL Pflanzenöl Lauchgemüse mit 1 TL Sauerrahm 1 TL Mehl Gewürzen und Kräutern 120 g Kartoffeln 1 TL Pflanzenmargarine	Leberknödelsuppe (Rezept Seite 25) Blattsalate 1 TL Pflanzenöl 1/4 l Diätpudding 120 g Heidelbeeren
ABENDESSEN	Würstelragout mit Eiern (Rezept Seite 40) Tomaten 30 g Pumpernickel 1/2 mittelgroße Grapefruit	90 g Geselchtes Sauerkraut 120 g Kartoffeln 1 TL Pflanzenmargarine	Bohnensalat: 120 g Bohnen, gekocht oder aus der Dose 1 kleine Zwiebel, feingehackt 100 g rote Paprikaschote, kleingeschnitten 2 kleine Gewürzgurken, in dünne Scheiben geschnitten 1 TL Pflanzenöl Salz, Pfeffer, Essig 30 g Vollkornbrot	160 g Hüttenkäse grüne Paprikaschote Rettich 50 g Knäckebrot 2 TL Pflanzenmargarine
ZWISCHENMAHLZEIT	1/4 l Diätpudding	1/4 l Joghurt, bis 1% 1 Kiwi	1/4 l Buttermilch 1/2 mittelgroße Banane	1/8 l Joghurt, bis 1% 1 mittelgroße Orange

	16. TAG	17. TAG	18. TAG	19. TAG
FRÜHSTÜCK	1/8 l Grapefruitsaft 1 Ei 30 g Toastbrot 1 TL Pflanzenmargarine 1/2 TL Marmelade 1/4 l Magermilch	100 g Honigmelone 80 g Hüttenkäse 30 g Vollkornbrot 1/8 l Magermilch	1/2 mittelgroße Grapefruit 20 g Camembert 30 g Weißbrot 1 TL Pflanzenmargarine	Müsli: 1 kleiner Apfel, geraspelt 1/2 mittelgroße Banane, zerdrückt 1/4 l Joghurt, bis 1% 1/2 TL Honig 25 g Cornflakes
MITTAGESSEN	90 g Seehecht, gegrillt Fisolen Champignons 1 TL Pflanzenmargarine Blattsalat 1 TL Pflanzenöl 80 g Naturreis, gekocht	Florentiner Toast (Rezept Seite 28) Radicchiosalat 1 TL Pflanzenöl 1 kleine Birne	90 g Huhn, gebraten oder gekocht Kochsalat 120 g frische Erbsen 120 g Kartoffeln, gekocht 1 TL Pflanzenmargarine	Geräuchertes Forellenfilet mit Krentopfen (Rezept Seite 78) 30 g Weißbrot 1 TL Pflanzenmargarine
ABENDESSEN	60 g Putenkrakauer Artischocken, aus der Dose Stangensellerie 30 g Mischbrot 80 g Weintrauben	Fischsalat: 60 g Thunfisch, aus der Dose 100 g Radieschen 100 g Salatgurke 100 g Tomaten 90 g Maiskörner, aus dem Glas 1 EL Mayonnaise, 50% 2 EL Joghurt, bis 1% 1/4 l Buttermilch	60 g Schinken Selleriesalat: Sellerieknolle, geraspelt Zitronensaft Salz, Pfeffer, flüssiger Süßstoff 1 1/2 TL Mayonnaise, 50% 60 g Leinsamenbrot 1/4 l Joghurt, bis 1%	Klare Bouillon mit 80 g Suppennudeln, gekocht Salatplatte mit 1 Ei, hartgekocht 2 TL Pflanzenöl 30 g Grahambrot
ZWISCHENMAHLZEIT	1/4 l Buttermilch	1/8 l Magermilch 4 Zwetschken	1/4 l Diätpudding 1/2 mittelgroße Banane	1/4 l Magermilch 120 g Brombeeren

	20. TAG	21. TAG	22. TAG	23. TAG
FRÜHSTÜCK	1/8 l Orangensaft 30 g Leberpastete 25 g Knäckebrot 1 TL Pflanzenmargarine 1/4 l Magermilch	120 g Heidelbeeren 80 g Hüttenkäse 1/2 TL Honig 25 g Zwieback 1/4 l Magermilch	1 Kiwi 30 g geräucherter Lachs 30 g Weißbrot 1 TL Pflanzenmargarine	1/2 mittelgroße Grapefruit 20 g Emmentaler 30 g Grahambrot 1 TL Pflanzenmargarine
MITTAGESSEN	90 g Truthahn, gegrillt Kürbisgemüse 1/2 TL Pflanzenmargarine grüner Salat 1/2 TL Pflanzenöl 80 g Hirse, gedünstet 1/4 l Diätpudding	90 g Rindfleisch, gekocht Kohlgemüse mit 2 TL Sauerrahm 2 TL Mehl 1 TL Pflanzenmargarine 120 g Kartoffeln, gekocht 1 TL Pflanzenmargarine	90 g Kalbfleisch, gedünstet Brokkoli Karotten 1 TL Pflanzenmargarine 80 g Teigwaren, gekocht	Erbsensuppe mit Würsteln: 120 g getrocknete Erbsen, gekocht, püriert 50 g Zwiebeln, feingehackt 50 g rote Paprikaschote, würfelig geschnitten 2 TL Pflanzenmargarine 60 g Frankfurter 30 g Bauernbrot 1 kleiner Apfel
ABENDESSEN	40 g Gorgonzola Radieschen Tomaten 4 kleine Oliven 30 g Kornweckerl 1 TL Pflanzenmargarine	60 g Preßwurst mit 1 kleinen Zwiebel, in Ringe geschnitten 1 grünen Paprikaschote, in Streifen geschnitten Salz, Pfeffer, Essig 1 TL Pflanzenöl 30 g Hausbrot	Gemüsesuppe Scheiterhaufen mit Zwetschken (Rezept Seite 140) Kakao: 1/4 l Magermilch 4 TL Kakaopulver flüssiger Süßstoff	Rohkost mit Topfen-Dips (Rezept Seite 62) 60 g Salzstangerl 1/4 l Diätpudding
ZWISCHENMAHLZEIT	Bratapfel (Rezept Seite 146)	1/4 l Joghurt, bis 1% 1 mittelgroße Orange	1/4 l Buttermilch	1/4 l Magermilch

	24. TAG	25. TAG	26. TAG	27. TAG
FRÜHSTÜCK	1/8 l Orangensaft 30 g Corned beef 30 g Toastbrot 1/4 l Magermilch	150 g Erdbeeren 100 g Magertopfen 25 g Zwieback 1/4 l Magermilch	1 kleiner Apfel 30 g Putenleberkäse 30 g Leinsamenbrot 1 TL Pflanzenmargarine	20 g Rosinen 25 g Grieß 1/4 l Magermilch Zimtpulver
MITTAGESSEN	Klare Bouillon 90 g Zander, gegrillt Tomaten, gebraten 1 TL Pflanzenöl 90 g Mais, aus dem Glas Chicoréesalat 1 TL Pflanzenöl 120 g Petersilien- kartoffeln	Huhn „Shanghai“ (Rezept Seite 90) 80 g Reis, gekocht 1/2 kleine Mango	90 g Heilbutt, gebraten Mischgemüse Gurkensalat mit 2 TL Sauerrahm 2 EL Joghurt, bis 1% Salz, Paprikapulver 1/2 TL Pflanzenöl 120 g Kartoffeln, gekocht 1/4 l Diätpudding	Krautsuppe auf serbische Art (Rezept Seite 61) 30 g Mischbrot
ABENDESSEN	Karfiol – gratiniert: 1/2 Karfiolrose, gekocht, zerteilt 1/2 TL Pflanzenmargarine 4 EL Magermilch 2 TL Stärkemehl 40 g Käse, bis 45% F. i. Tr., gerieben Blattsalat 1/2 TL Pflanzenöl	60 g Schinken Spargel, aus dem Glas Tomate 1 1/2 TL Mayonnaise, 50% 30 g Vollkornbrot 1/2 TL Pflanzenmargarine	Kräuteromelette: 1 TL Pflanzenöl 1 kleine Zwiebel, feingehackt 50 g rote Paprikaschote, kleingeschnitten 2 Eier 1 EL Kräuter, frisch oder tiefgekühlt Salz, Pfeffer grüner Salat 1/2 TL Pflanzenöl 30 g Semmel	90 g Kalbfleisch, gegrillt Karotten, gedünstet 1 TL Pflanzenmargarine Risipisi: 80 g gekochter Reis 120 g frische Erbsen, gekocht Blattsalat 1 TL Pflanzenöl
ZWISCHENMAHLZEIT	1/4 l Joghurt, bis 1% 1/2 mittelgroße Banane	1/4 l Buttermilch 150 g Wassermelone	1/4 l Joghurt, bis 1% 80 g Weintrauben	1/4 l Buttermilch 1 mittelgroße Orange

	28. TAG	29. TAG	30. TAG	31. TAG
FRÜHSTÜCK	100 g Zuckermelone 30 g Putenextra 30 g Vollkornbrot 1 TL Pflanzenmargarine	1 mittelgroße Orange 80 g Hüttenkäse 30 g Mischbrot 1/8 l Magermilch	100 g Ananas 1/4 l Joghurt, bis 1% 25 g Cornflakes	1 große Nektarine 30 g Krakauer 30 g Leinsamenbrot 1 TL Pflanzenmargarine 1/8 l Magermilch
MITTAGESSEN	Klare Bouillon 90 g Dorsch, gebraten Blattspinat 1 TL Pflanzenmargarine Rote-Rüben-Salat 80 g Hirse, gedünstet	90 g Schweinefleisch, gebraten Krautsalat 1 TL Pflanzenöl 120 g Salzkartoffeln 1/4 l Diätpudding	80 g österr. Schafkäse Salatteller 1 TL Pflanzenöl 30 g Mischbrot	90 g Karpfen, gegrillt 1 TL Pflanzenöl Mischgemüse Karotten, gedünstet 1 TL Pflanzenmargarine 120 g Salzkartoffeln 1 Kiwi
ABENDESSEN	Rohkostteller (Rezept Seite 63) 30 g Grahamweckerl 1/4 l Buttermilch	60 g Thunfisch, aus der Dose Champignons, eingelegt Perlzwiebeln rote Paprikaschote 1 EL Mayonnaise, 50% 30 g Vollkornbrot 100 g Apfelmus, ohne Zucker	Marinierte Steaks vom Grill (Rezept Seite 103) Kartoffeln in der Folie (Rezept Seite 50) gemischter Salat 1/2 TL Pflanzenöl Früchte-Topfen-Creme (Rezept Seite 146) 25 g Popcorn	80 g Hüttenkäse Tomaten Stangensellerie 25 g Knäckebrot 1/8 l Buttermilch
ZWISCHENMAHLZEIT	1/4 l Magermilch 1/2 mittelgroße Banane	1/8 l Joghurt, bis 1%	1/4 l Magermilch 120 g Himbeeren	1/4 l Diätpudding

SUPPEN

BROTSUPPE

ZUTATEN FÜR 4 PORTIONEN:

1 kleine Zwiebel, feingehackt
2 TL Pflanzenmargarine
120 g Brot, würfelig geschnitten
1/2 l Bouillon
1/2 TL Kümmel
60 g Emmentaler, in kleine Streifen geschnitten

Zwiebel in Margarine dünsten, Brotwürfel dazugeben. Nach 2 bis 3 Minuten die Bouillon darübergießen und etwa 20 Minuten köcheln lassen. Kümmel beigeben und Käse darüberstreuen.

PRO PORTION:

1/2 F + 1 B + 20 K + 1/2 E

698 Joule
167 Kalorien
6 g Eiweiß
8 g Fett
15 g Kohlenhydrate
1,28 BE

ERBSENSUPPE „BUDAPEST"

ZUTATEN FÜR 4 PORTIONEN:

4 TL Pflanzenöl
1 Zwiebel, feingehackt
1 Knoblauchzehe, feingehackt
1 grüne Paprikaschote, würfelig geschnitten
2 kleine Karotten, in Scheiben geschnitten
100 g Sellerieknolle, in Scheiben geschnitten
1/2 Stange Porree, in Ringe geschnitten
1 TL Paprikapulver
240 g Kartoffeln, würfelig geschnitten
1 Lorbeerblatt
Salz, Majoran
1 Suppenwürfel
120 g Geselchtes, würfelig geschnitten
240 g Erbsen, tiefgekühlt
4 TL Sauerrahm
Petersilie, gehackt

Öl in einem Suppentopf erhitzen, Zwiebel und Knoblauch darin hell anrösten, Gemüse beigeben und kurz mitrösten lassen, Paprikapulver dazugeben und mit 3/4 l Wasser aufgießen. Kartoffeln und Lorbeerblatt in die Suppe geben und alles ca. 30 Minuten kochen.
Gewürze, Suppenwürfel, Fleisch und Erbsen dazugeben und aufkochen lassen.
Suppe in 4 Tellern anrichten, mit je 1 TL Sauerrahm garnieren und mit Petersilie bestreut servieren.

PRO PORTION:

1 F + 1 G + 1 B + 1 E + 10 K

1012 Joule
240 Kalorien
13 g Eiweiß
8 g Fett
21 g Kohlenhydrate
1,94 BE

EINTROPFSUPPE

ZUTATEN FÜR 4 PORTIONEN:

3/4 l Bouillon
2 EL Mehl
6 EL Magermilch
1 Ei
2 EL Sauerrahm
Petersilie oder Schnittlauch, feingeschnitten

Bouillon erhitzen.
Mehl mit Milch anrühren, unter ständigem Rühren in die Suppe einlaufen lassen und ca. 20 Minuten ziehen lassen.
Das Ei mit dem Sauerrahm in der Suppenschüssel gut verschlagen. Heiße Suppe unter ständigem Rühren dazugießen.
Mit Petersilie oder Schnittlauch bestreut servieren.

PRO PORTION:

60 K

255 Joule
62 Kalorien
5 g Eiweiß
2 g Fett
4 g Kohlenhydrate
0,39 BE

FISOLENSUPPE

ZUTATEN FÜR 4 PORTIONEN:

4 TL Pflanzenöl
1 Zwiebel, feingehackt
1 Bund Wurzelwerk, kleinwürfelig geschnitten
3/4 l Rindsuppe (Würfel oder Extrakt)
1 Knoblauchzehe, zerdrückt
Bohnenkraut, Lorbeerblatt, Salz, Pfeffer
400 g Fisolen, in 1 cm lange Stücke geschnitten
Petersilie, gehackt

In einem Suppentopf Öl erhitzen und Zwiebel darin glasig anlaufen lassen. Wurzelwerk dazugeben und mitrösten. Mit Rindsuppe aufgießen, Knoblauch, Bohnenkraut und Lorbeerblatt beigeben und mit Salz und Pfeffer würzen. Fisolen in die Suppe geben und weich kochen.
Suppe eventuell nochmals würzen, mit Petersilie bestreuen und sehr heiß servieren.

TIP: Wenn Sie Kartoffelwürfel mitkochen, genießen Sie eine „kräftige" Fisolensuppe.

PRO PORTION:

1 F + 1 1/2 G

425 Joule
102 Kalorien
4 g Eiweiß
5 g Fett
7 g Kohlenhydrate
0,64 BE

FRANZÖSISCHE FISCHSUPPE

ZUTATEN FÜR 4 PORTIONEN:

4 TL Pflanzenöl
1 große Zwiebel, feingehackt
2 Stangen Porree, in dünne Ringe geschnitten
1 kleine Karotte, kleingeschnitten
50 g Sellerie, kleingeschnitten
1 EL Tomatenmark
1/8 l Weißwein
Petersilie, feingehackt
2 Knoblauchzehen, zerdrückt
1 Lorbeerblatt
Thymian, Tabasco, Salz, Pfeffer
3/4 l Bouillon
320 g Dorschfilets, würfelig geschnitten
60 g Shrimps
120 g Toastbrotscheiben
1–2 Knoblauchzehen, zerdrückt

In einem Suppentopf Öl erhitzen, das Gemüse darin kurz anrösten, dann Tomatenmark dazugeben und mit Wein löschen. Petersilie und Gewürze beifügen und mit Bouillon aufgießen. Suppe ca. 20 Minuten köcheln lassen.
Fischwürfel in die Suppe einlegen und ca. 10 Minuten ziehen lassen, dann die Shrimps beigeben und heiß werden lassen.
Suppe gut würzen und sehr heiß servieren. Heiße, mit Knoblauch eingeriebene Toastbrotscheiben dazureichen.

PRO PORTION:

1 F + 1 G + 30 K + 2 1/2 E + 1 B

1197 Joule
287 Kalorien
24 g Eiweiß
6 g Fett
22 g Kohlenhydrate
1,94 BE

FISCHSUPPE „À LA MEDITERRANÉE"

ZUTATEN FÜR 2 PORTIONEN:

4 TL Olivenöl
1 kleine Zwiebel, feingehackt
2 Tomaten, enthäutet, entkernt, kleingeschnitten
2 Knoblauchzehen, gepreßt
1/2 Fenchelknolle, kleingeschnitten
1/2 Lorbeerblatt
1 Zweig Thymian
1 Zweig Bohnenkraut
1 Stück Orangenschale, von unbehandelter Frucht
1 MSP Safranpulver
Salz, Pfeffer
1/2 l kochendes Wasser
240 g Fisch (verschiedene Sorten)
6 Stück Austern oder andere Muscheln
60 g Krabben, vorgekocht
Petersilie, gehackt
60 g Toastbrot

Öl erhitzen und Zwiebel darin hellgelb rösten, Tomaten, Knoblauch, Fenchel und Gewürze dazugeben. Mit kochendem Wasser aufgießen und 5 bis 10 Minuten kochen. Fisch würzen und hineinlegen, 10 bis 15 Minuten ziehen lassen (nicht kochen).
Austern in Salzwasser 5 bis 6 Minuten kochen, bis sie sich öffnen, dann in die Suppe geben. Krabben ebenfalls dazugeben. Mit Petersilie bestreut servieren. Toastbrot dazureichen.

PRO PORTION:

1 F + 2 G + 5 E + 1 B

2012 Joule
529 Kalorien
44 g Eiweiß
20 g Fett
32 g Kohlenhydrate
2,74 BE

GEMÜSESUPPE MIT HUHN

ZUTATEN FÜR 4 PORTIONEN:

320 g Hühnerfleisch, würfelig geschnitten
50 g Reis, trocken
1/2 Stange Porree, in Ringe geschnitten
150 g Sellerieknolle, würfelig geschnitten
1/2 grüne Paprikaschote, würfelig geschnitten
1 Zwiebel, würfelig geschnitten
200 g Karotten, in Scheiben geschnitten
240 g Erbsen, tiefgekühlt
1 Hühnersuppenwürfel
Salz, Pfeffer, Muskatnuß
2 Tomaten, würfelig geschnitten
Schnittlauch, feingeschnitten

3/4 l Wasser zum Kochen bringen, Fleisch einlegen und leicht kochen lassen.
Reis beigeben, dann nacheinander das Gemüse, zuletzt die Erbsen. Suppenwürfel einbröseln, alles weich kochen und würzen.
Tomatenwürfel beigeben, Suppe kurz aufkochen lassen und mit Schnittlauch bestreut servieren.

PRO PORTION:

2 E + 1 B + 2 G

1090 Joule
260 Kalorien
25 g Eiweiß
5 g Fett
20 g Kohlenhydrate
1,75 BE

GEMÜSESUPPE MIT FLEISCHBÄLLCHEN

ZUTATEN FÜR 1 PORTION:

120 g Kartoffeln, geschält, würfelig geschnitten
je 50 g Zwiebeln, Karotten, Kohlrabi und Zucchini, würfelig geschnitten
1 TL Pflanzenöl
Pfeffer, Majoran
1/8 l Bouillon
120 g mageres Rindfleisch, faschiert
Salz, Pfeffer, Majoran
Petersilie, feingehackt

Kartoffeln und Gemüse in Öl andünsten, mit Pfeffer und Majoran würzen, mit Suppe aufgießen und 15 Minuten bei geringer Hitze köcheln lassen.
Faschiertes mit Salz, Pfeffer, Majoran und Petersilie gut vermischen, kleine Bällchen formen, in die Suppe einlegen und 5 bis 8 Minuten garen lassen.

PRO PORTION:

1 B + 2 G + 1 F + 3 E

1867 Joule
445 Kalorien
28 g Eiweiß
20 g Fett
30 g Kohlenhydrate
2,52 BE

GESUNDHEITSSUPPE

ZUTATEN FÜR 1 PORTION:

60 g Kartoffeln, geschält, kleingeschnitten
je 50 g Karotten, Fisolen, Sellerie
Kohlblätter, geputzt, kleingeschnitten
Kräuter nach Saison (Kerbel, Petersilie, Kresse, Schnittlauch)
1/4 l Wasser
Suppenwürze, Salz
1 TL Mehl
2 TL Sauerrahm
Schnittlauch, feingeschnitten

Kartoffeln, Gemüse und Kräuter in Wasser mit Suppenwürze und Salz gar kochen.
Pürieren und mit Mehl und Sauerrahm legieren. Mit Schnittlauch bestreut servieren.

PRO PORTION:

1/2 B + 2 G + 30 K

670 Joule
161 Kalorien
8 g Eiweiß
2 g Fett
23 g Kohlenhydrate
1,94 BE

Gemüsesuppe mit Fleischbällchen, siehe Rezept Seite 20 ▶

GURKENRAHMSUPPE

ZUTATEN FÜR 4 PORTIONEN:

2 frische Salatgurken
8 TL Pflanzenmargarine
1 große Zwiebel, feingehackt
8 TL Mehl
9 dl Hühnerbouillon
Salz, weißer Pfeffer, Muskatnuß
4 EL Sauerrahm

Die Gurken schälen, längs halbieren und entkernen. $^2/_3$ der Gurken für die Suppe in Scheiben und $^1/_3$ für die Einlage in Würfel schneiden.
4 TL Margarine erhitzen, Zwiebel und Gurkenscheiben darin dünsten.
4 TL Margarine erhitzen, das Mehl zugeben und anschwitzen, mit Bouillon aufgießen und glattrühren, zum Kochen bringen und zu den gedünsteten Gurken geben.
Die Suppe würzen und bei geringer Hitze kochen. Den Sauerrahm zufügen und nochmals aufkochen.
Die Suppe pürieren, die Gurkenwürfel zufügen, aufkochen und heiß servieren.

TIP: Die Suppe kann auch kalt serviert werden. Die angerichtete Suppe mit gehackter Dille bestreuen.

PRO PORTION:

$2^1/_2$ G + 2 F + 50 K

528 Joule
128 Kalorien
2 g Eiweiß
8 g Fett
8 g Kohlenhydrate
0,66 BE

KARFIOLCREMESUPPE

ZUTATEN FÜR 4 PORTIONEN:

1 großer Karfiol, in Röschen geteilt
240 g Kartoffeln, geschält, würfelig geschnitten
$^3/_4$ l Bouillon (Würfel oder Extrakt)
$^1/_4$ l Magermilch
4 EL Sauerrahm
80 g Käse, bis 45% F. i. Tr., gerieben
Pfeffer, etwas Cayennepfeffer
120 g Räucherlachs, in Streifen geschnitten
1 Zweig Dille, zerzupft

Karfiol und Kartoffeln in der Bouillon weich kochen. Anschließend mit dem Mixstab oder im Mixer pürieren, Milch dazugeben und aufkochen lassen. Den Sauerrahm unterrühren und etwas einkochen lassen. Käse beifügen, schmelzen lassen und würzen.
In Suppentassen anrichten, mit Lachsstreifen und Dille garnieren.

PRO PORTION:

1 G + $^1/_2$ B + 50 K + 2 E

1170 Joule
280 Kalorien
21 g Eiweiß
10 g Fett
17 g Kohlenhydrate
1,51 BE

KLARE RINDSUPPE

ZUTATEN:

$2^1/_2$ l Wasser
1 kg Suppenknochen
2 Zwiebeln, äußere Schale entfernt, halbiert
1 Bund Wurzelwerk (Karotten, Selleriewurzel und -grün, Petersilienwurzel und -grün, Porree)
10 Pfefferkörner
1 Lorbeerblatt
5 Wacholderbeeren
Piment, Salz, Muskatnuß
Schnittlauch, feingeschnitten

Wasser zum Kochen bringen, Knochen einlegen.
Zwiebeln mit der Schnittfläche in einer beschichteten Pfanne (oder auf der Herdplatte) sehr dunkel anbraten, danach mit dem geputzten Wurzelwerk und den Gewürzen zu den Knochen geben.
Bei geringer Hitze etwa 2 Stunden köcheln lassen. Zwischendurch eventuell Schaum abschöpfen.
Abseihen, entfetten und mit Schnittlauch bestreut servieren.

TIP: Geben Sie 80 g gekochte Suppennudeln dazu, und Sie genießen eine köstliche Nudelsuppe.
Wenn es schnell gehen muß – im Druckkochtopf dauert die Kochzeit nur 30 Minuten.

PRO PORTION:

180 ml = 10 K

27 Joule
7 Kalorien
1 g Eiweiß
0 g Fett
1 g Kohlenhydrate
0,05 BE

Tomatensuppe „Espagna“, siehe Rezept Seite 26 ▶

KRÄUTERSUPPE

Zutaten für 4 Portionen:

3/4 l Rindsuppe (Würfel oder Extrakt)
Petersilie, Dille, Kerbelkraut
Estragonblätter, Kresse, Salz, Muskatnuß
4 EL Kaffeeobers
2 Eidotter
Schnittlauch, feingeschnitten

Rindsuppe aufkochen lassen.
Kräuter fein hacken, 2/3 davon in die Suppe geben und 5 Minuten leicht wallend ziehen lassen, würzen und von der Kochstelle nehmen.
Kaffeeobers und Eidotter versprudeln und zusammen mit den restlichen Kräutern in die nicht mehr kochende Suppe einrühren.
Mit Schnittlauch bestreuen und sofort servieren.

Pro Portion:

55 K

366 Joule
87 Kalorien
3 g Eiweiß
6 g Fett
2 g Kohlenhydrate
0,16 BE

KRÄFTIGE HAFERFLOCKENSUPPE

Zutaten für 4 Portionen:

1 kleine Zwiebel, feingehackt
4 TL Pflanzenmargarine
50 g Haferflocken
1 Bund Petersilie, gehackt
1 kleine Stange Lauch, in Streifen geschnitten
3/4 l heiße Bouillon (Würfel oder Extrakt)
4 EL Sauerrahm
120 g Käse, bis 45% F. i. Tr., gerieben
1 Bund Schnittlauch, feingeschnitten

Zwiebel in der Margarine glasig dünsten. Haferflocken dazugeben und unter ständigem Rühren 2 bis 3 Minuten rösten. Petersilie und Lauch beigeben und kurz mitdünsten. Mit Bouillon aufgießen und 15 Minuten köcheln lassen.
Sauerrahm unterrühren und anrichten, mit Käse und Schnittlauch bestreuen und sofort servieren.

Pro Portion:

1 F + 1/2 B + 30 K + 1 1/2 E

874 Joule
208 Kalorien
12 g Eiweiß
11 g Fett
11 g Kohlenhydrate
0,97 BE

KRESSESUPPE

Zutaten für 4 Portionen:

2 EL Maiskeimöl
1 kleine Zwiebel, in Würfel geschnitten
1 Lauch, längs geteilt, gewaschen und in Streifen geschnitten
240 g Kartoffeln, geschält, in Scheiben geschnitten
3/4 l Wasser
20 g Brunnen- oder Gartenkresse
6 EL Magermilch
Salz, Pfeffer, Muskatnuß
1 Eidotter
6 EL Sauerrahm

Öl in großer Pfanne leicht erhitzen, Zwiebel und Lauch darin andünsten, Kartoffeln beigeben, gut umrühren und dann mit Wasser ablöschen.
Wenn das Gemüse weich gekocht ist, Kresse beifügen und noch einmal kurz aufkochen lassen. Anschließend mit dem Mixstab pürieren, Milch beifügen und mit Salz, Pfeffer und Muskatnuß würzen.
Den Eidotter mit 5 EL Sauerrahm gut verschlagen und dann in einem dünnen Strahl in die Suppe geben. Nicht mehr kochen lassen!
Angerichtete Suppe mit restlichem Sauerrahm und einigen Kresseblättern garnieren.

Tip: Anstelle der Kresse können auch andere Kräuter verwendet werden.

Pro Portion:

1 1/2 F + 1/2 B + 65 K

921 Joule
220 Kalorien
7 g Eiweiß
13 g Fett
14 g Kohlenhydrate
1,24 BE

LEBERKNÖDELSUPPE

ZUTATEN FÜR 6 PORTIONEN:

180 g Weißbrot, kleingeschnitten
12 EL Magermilch
400 g Schweins- oder Rindsleber, gehackt
2 Eier
1 Zwiebel, feingehackt
Petersilie, gehackt
Pfeffer, Majoran, Salz
2 EL Brösel
$1^1/_2$ l Bouillon (Würfel oder Extrakt)
Schnittlauch, feingeschnitten

Brot mit heißer Milch übergießen und 15 Minuten stehen lassen.
Leber, Eier, Zwiebel und Petersilie mit dem ausgedrückten Brot vermischen und würzen. Masse 1 Stunde kühl stellen.
Bouillon aufkochen. 6 Knödel formen und in Bröseln wenden. In die Bouillon einlegen und bei kleiner Hitze 15 Minuten ziehen lassen.
Knödel mit der Bouillon anrichten und mit Schnittlauch bestreut servieren.

PRO PORTION:

1 B + 20 K + 2 E

1061 Joule
254 Kalorien
22 g Eiweiß
6 g Fett
24 g Kohlenhydrate
2,04 BE

MINESTRONE

ZUTATEN FÜR 4 PORTIONEN:

1 Zwiebel, in Streifen geschnitten
4 TL Olivenöl
4 Karotten, geschält, in Scheiben geschnitten
3 Stengel Stangensellerie, in Scheiben geschnitten
100 g Kohl, nudelig geschnitten
1 kleiner Karfiol, in Röschen geteilt
1 gelbe Paprikaschote, würfelig geschnitten
2 Knoblauchzehen, gepreßt
120 g Schinken, würfelig geschnitten
$^1/_8$ l Rotwein
$^3/_4$ l kräftige Fleischbouillon (Würfel oder Extrakt)
150 g Champignons, in Scheiben geschnitten
160 g Makkaroni, gekocht
160 g Käse, bis 45% F. i. Tr., grobgeraspelt

Die Zwiebel im Öl glasig braten. Gemüse, Knoblauch und Schinken dazugeben und alles gut durchdünsten. Mit Wein ablöschen, mit der Bouillon auffüllen und 30 bis 40 Minuten köcheln lassen. Champignons und Makkaroni beigeben und nochmals 5 Minuten köcheln lassen.
Anrichten und mit Käse bestreut servieren.

TIP: Anstelle von Schinken können Sie auch gekochtes Rindfleisch verwenden.
Auch lassen sich die Gemüse je nach Saison und Angebot auswechseln.

PRO PORTION:

ca. 3 G + 1 F + 3 E + 25 K + $^1/_2$ B

1616 Joule
384 Kalorien
27 g Eiweiß
17 g Fett
17 g Kohlenhydrate
1,56 BE

PORREESUPPE „À LA FRANCE"

ZUTATEN FÜR 4 PORTIONEN:

4 TL Pflanzenmargarine
1 Zwiebel, feingehackt
400 g Porree, in sehr feine Ringe geschnitten
1 EL Mehl
$^3/_4$ l Hühnersuppe (Würfel oder Extrakt)
Salz, Pfeffer, Muskatnuß
$^1/_8$ l Magermilch
1 Eidotter

Margarine erhitzen, zuerst die Zwiebel, dann den Porree darin kurz anlaufen lassen. Mit Mehl stauben und mit Suppe aufgießen, würzen und ca. 30 Minuten kochen lassen.
Milch und Eidotter gut versprudeln und erst einrühren, wenn die Suppe nicht mehr kocht.
Sofort servieren.

PRO PORTION:

1 F + 1 G + 30 K

643 Joule
154 Kalorien
5 g Eiweiß
9 g Fett
10 g Kohlenhydrate
0,75 BE

SPARGELSUPPE

ZUTATEN FÜR 4 PORTIONEN:

60 g Spargel
Salz
1 TL Pflanzenmargarine
1 TL Zucker
$1^1/_2$ l Wasser
Salz
schwarzer Pfeffer, frisch gemahlen
Muskatnuß
3 EL Sauerrahm
1 Eidotter
1 EL Mehl
1 EL Pflanzenmargarine

Spargel in einen Topf geben. Salz, Margarine, Zucker und Wasser dazugeben.
Die Spargel kernig kochen. Die Spitzen abschneiden und beiseite stellen. Die übrigen Spargelstangen sehr weich kochen.
Spargelstangen mit dem Pürierstab oder im Mixer pürieren. Mit Salz, Pfeffer und Muskatnuß würzen. Sauerrahm mit dem Eidotter versprudeln und mit dem Schneebesen unter die Suppe rühren. Mehl mit Margarine verkneten und flockenweise in die heiße Suppe rühren. Die Spargelspitzen dazugeben.
Suppe in Tassen füllen, mit Schnittlauch bestreut sehr heiß servieren.

PRO PORTION:

$1^1/_2$ G + 1 F + 50 K

536 Joule
128 Kalorien
2 g Eiweiß
10 g Fett
4 g Kohlenhydrate
0,36 BE

TOMATENSUPPE „ESPAGNA"

ZUTATEN FÜR 4 PORTIONEN:

$^3/_4$ l Rindsuppe (Würfel oder Extrakt)
8 TL Tomatenmark
4 TL Pflanzenmargarine
2 grüne Paprikaschoten, in Streifen geschnitten
6 große Tomaten, geschält, entkernt, in Würfel geschnitten
Salz, Pfeffer
60 g Weißbrot, getoastet, würfelig geschnitten

Rindsuppe zum Kochen bringen und das Tomatenmark mit dem Schneebesen einrühren.
In einer Kasserolle Margarine erhitzen, Paprika dazugeben, mit etwas Suppe aufgießen und weich dünsten. Tomaten beifügen und würzen.
Gedünstetes Gemüse in die Rindsuppe geben, eventuell nachwürzen. Sehr heiß in Tassen füllen und mit Brotwürfeln bestreut servieren.

PRO PORTION:

20 K + 1 F + 2 G + $^1/_2$ B

565 Joule
136 Kalorien
5 g Eiweiß
4 g Fett
16 g Kohlenhydrate
1,31 BE

ZUPPA PAVESE

ZUTATEN FÜR 1 PORTION:

30 g Toastbrot, getoastet
30 g Parmesan, gerieben
1 Ei
$^1/_4$ l Bouillon
1 EL Schnittlauch, feingeschnitten

Toastbrot in einen vorgewärmten Suppenteller legen, mit Käse bestreuen, Ei darüber aufschlagen und kochende Bouillon langsam in den Teller gießen.
Mit Schnittlauch bestreuen und sofort servieren.

TIP: Anstelle des rohen Eies kann auch ein Spiegelei auf das Toastbrot gelegt werden.

PRO PORTION:

1 B + $2^1/_2$ E

1443 Joule
345 Kalorien
23 g Eiweiß
16 g Fett
23 g Kohlenhydrate
1,97 BE

TOASTS

FLORENTINER TOAST

ZUTATEN FÜR 4 PORTIONEN:

240 g Toastbrot, in 8 Scheiben geschnitten
500 g Blattspinat, frisch oder tiefgekühlt
90 g Geselchtes, würfelig geschnitten
1 große Zwiebel, feingehackt
2 Knoblauchzehen, feingehackt
Pfeffer, etwas Salz
210 g Schinken, in 4 Scheiben geschnitten
60 g Reibkäse, bis 45% F. i. Tr.

Brotscheiben toasten. Spinat dämpfen.
Geselchtes und Zwiebel gut anbraten, mit dem ausgedrückten Spinat und dem Knoblauch vermischen und würzen.
Die Toastbrotscheiben mit je 1/2 Scheibe Schinken belegen, dann den Spinat darauf verteilen. Zuletzt mit Reibkäse bestreuen.
Backblech mit Back-Papier auslegen, Toast daraufgeben und im vorgeheizten Rohr bei 220° C ca. 15 Minuten überbacken.

PRO PORTION:

2 B + 1 1/2 G + 3 E + 20 K

1862 Joule
444 Kalorien
30 g Eiweiß
17 g Fett
36 g Kohlenhydrate
3,00 BE

SCHINKEN - LEBER - KÄSE - TOAST MIT ANANAS

ZUTATEN FÜR 4 PORTIONEN:

4 TL Pflanzenmargarine
120 g Hühnerleber, in kleine Stücke geschnitten
180 g Schinken, kleinwürfelig geschnitten
Petersilie, feingehackt
Salz, Pfeffer
180 g Toastbrot
200 g Ananas, in Scheiben geschnitten
90 g Emmentaler, in dünne Scheiben geschnitten

Margarine in einer Pfanne heiß werden lassen, Leber darin anbraten, Schinken und Petersilie dazugeben und kurz mitrösten lassen, etwas salzen und pfeffern.
Brot toasten, mit Ananasscheiben und Schinken-Leber-Stücken belegen und mit Käsescheiben abdecken.
Im stark vorgeheizten Rohr überbacken, bis der Käse schmilzt.

PRO PORTION:

1 F + 3 E + 1 1/2 B + 1/2 O + 25 K

2080 Joule
497 Kalorien
26 g Eiweiß
22 g Fett
39 g Kohlenhydrate
3,27 BE

SCHWARZBROT MIT CHAMPIGNONS

ZUTATEN FÜR 1 PORTION:

1 1/2 TL Pflanzenöl
50 g Zwiebeln, feingehackt
200 g Champignons, blättrig geschnitten
1 TL Streuwürze
1 TL italienische Kräutermischung
etwas Zitronensaft
1 EL Sauerrahm
1 EL Petersilie, gehackt
45 g dunkles Brot

Öl erhitzen und Zwiebeln darin hellgelb rösten, Champignons zugeben und 10 bis 15 Minuten mitdünsten.
Würzen, Sauerrahm und Petersilie daruntermischen.
Brot toasten und Champignons darauf anrichten.

TIP: Champignons eignen sich auch gut für Eierspeise oder als Omelettefülle.

PRO PORTION:

1 1/2 F + 2 1/2 G + 30 K + 1 1/2 B

1142 Joule
273 Kalorien
12 g Eiweiß
11 g Fett
26 g Kohlenhydrate
2,33 BE

Schwarzbrot mit Champignons, siehe Rezept Seite 28 ▶

SPARGELTOAST

ZUTATEN FÜR 4 PORTIONEN:

180 g Toastbrot
4 TL Pflanzenmargarine
240 g Emmentaler, gerieben
4 Eidotter
4 EL Sauerrahm
Pfeffer, Muskatnuß
400 g Spargel, gekocht oder aus dem Glas

Die Toastbrotscheiben mit Margarine bestreichen und im Rohr oder in der Bratpfanne goldbraun rösten.
Käse mit Eidotter und Sauerrahm verrühren und würzen.
Die Toastbrotscheiben in eine Auflaufform geben und mit gut abgetropften Spargeln belegen. Die Käse-Eier-Masse darübergießen.
Die Toasts im vorgeheizten Rohr bei 220° C ca. 6 Minuten überbacken.

TIP: Servieren Sie dazu grünen Salat.

PRO PORTION:

1 1/2 B + 1 F + 3 E + 80 K + 1 G

2141 Joule
511 Kalorien
27 g Eiweiß
29 g Fett
26 g Kohlenhydrate
2,25 BE

TOAST AUF FÖRSTERART

ZUTATEN FÜR 4 PORTIONEN:

200 g Champignons, blättrig geschnitten
200 g gemischte Pilze, blättrig geschnitten
4 TL Pflanzenmargarine
2 EL Mehl
1/8 l Weißwein
1/4 l Joghurt, bis 1%
4 TL Sauerrahm
Pfeffer, Streuwürze, Majoran, Salz
180 g Toastbrot (8 Scheiben)
1/4 l Magermilch
Petersilie zum Garnieren

Champignons und Pilze etwa 10 Minuten dünsten.
Margarine erhitzen, das Mehl einrühren und mit dem Wein ablöschen. Joghurt und Sauerrahm dazugeben, würzen und ca. 5 Minuten köcheln lassen. Pilze beigeben, gut umrühren und etwas auskühlen lassen.
Toastbrotscheiben toasten und 2/3 der Pilzmasse darauf verteilen.
Restliche Pilzmasse mit Milch verdünnen und in eine Auflaufform gießen. Toastbrotscheiben darauflegen und im vorgeheizten Rohr bei 230° C ca. 15 Minuten backen.
Mit Petersilie garnieren.

TIP: Dazu schmeckt knackiger Blattsalat.

PRO PORTION:

1 G + 1 F + 50 K + 1/2 M + 1 1/2 B

1405 Joule
335 Kalorien
13 g Eiweiß
6 g Fett
44 g Kohlenhydrate
3,69 BE

ÜBERBACKENER SCHINKENTOAST

ZUTATEN FÜR 4 PORTIONEN:

240 g Toastbrot, in 8 Scheiben geschnitten
360 g Geselchtes, in dünne Streifen geschnitten
1 Zwiebel, in Ringe geschnitten
2 EL Reibkäse

Sauce:
2 EL Pflanzenmargarine
2 EL Mehl
6 EL Wasser
1/8 l Weißwein
1 EL Tomatenmark
Salz, Pfeffer

Für die Sauce in einer kleinen Pfanne die Margarine zergehen lassen, übrige Zutaten beigeben, gut verrühren und zu einer festen Sauce aufkochen. Etwas auskühlen lassen. Dann die Toastbrotscheiben damit bestreichen, mit dem Geselchten belegen und mit einigen Zwiebelringen garnieren. Auf die Mitte etwas Reibkäse streuen.
Im vorgeheizten Rohr bei 230° C ca. 10 Minuten überbacken.
Heiß servieren.

PRO PORTION:

2 B + 3 E + 60 K + 1 1/2 F

1997 Joule
475 Kalorien
30 g Eiweiß
17 g Fett
39 g Kohlenhydrate
3,24 BE

VERSCHIEDENES, PIKANT

BIRNENHÄLFTEN MIT GORGONZOLA

Zutaten für 1 Portion:

1 kleine Birne, halbiert, Kerngehäuse ausgestochen
Saft von 1/2 Zitrone
30 g Gorgonzola
1 TL Sonnenblumenkerne

Birnen mit Zitronensaft beträufeln.
Gorgonzola zerkrümeln und in die Höhlungen der Birnenhälften füllen.
Mit Sonnenblumenkernen garnieren.

Tip: Auch mit Roquefort oder dänischem Blaukäse schmecken solche Birnen vorzüglich.
Dieses Gericht eignet sich sehr gut als Vorspeise.

Pro Portion:

1 O + 1 1/2 E + 20 K

889 Joule
213 Kalorien
7 g Eiweiß
11 g Fett
13 g Kohlenhydrate
1,15 BE

BRANDTEIGKRAPFEN MIT PIKANTER FÜLLE

Zutaten für 4 Portionen:

Teig:
2 TL Pflanzenmargarine
1 Prise Salz
1/8 l Wasser
10 EL Mehl
2 Eier

Fülle:
2 EL Mayonnaise, 50%
2 Eier, hartgekocht, würfelig geschnitten
120 g Gouda, kleinwürfelig geschnitten
100 g Radieschen, in Scheiben geschnitten
Salz, Pfeffer
Schnittlauch, feingeschnitten

Wasser mit Salz und Margarine aufkochen lassen, gesiebtes Mehl einschütten und unter ständigem Rühren so lange kochen, bis sich der Teig von Gefäß und Kochlöffel löst.
Teig in eine Schüssel geben, etwas überkühlen lassen, die Eier einzeln in den Teig rühren. Der fertige Brandteig muß weich und goldgelb sein und schwer reißend vom Löffel fallen.
Ein Backblech mit Back-Papier auslegen, Teig in einen Dressiersack füllen und auf das Backblech spritzen oder mit einem Löffel kleine Häufchen formen.
Auf den Backrohrboden ein flaches Gefäß mit Wasser stellen, Rohr auf 230° C vorheizen, Brandteigkrapfen 15 bis 20 Minuten backen, während der Backzeit Backofentür nicht öffnen, damit das Gebäck nicht zusammenfällt.
Nach dem Erkalten Brandteigkrapfen mit einem scharfen Messer durchschneiden. Die Zutaten für die Fülle vorsichtig vermischen und in die Brandteigkrapfen füllen. Mit Schnittlauch bestreut servieren.

Pro Portion:

1 1/2 F + 1 B + 2 1/2 E

1543 Joule
368 Kalorien
18 g Eiweiß
20 g Fett
21 g Kohlenhydrate
1,79 BE

EMMENTALER BROTKÖRBCHEN

Zutaten für 1 Portion:

60 g rundes Gebäck
1 bis 2 Salatblätter
60 g Rindfleisch, gekocht, würfelig geschnitten
30 g Emmentaler, würfelig geschnitten
1 Essiggurke, kleingehackt
1 kleine Tomate, kleingeschnitten
1/2 Zwiebel, feingehackt
1 1/2 TL Salatdressing
Petersilie oder Schnittlauch, feingeschnitten

Oberen Teil des Gebäcks als Deckel wegschneiden. Mit einem spitzen Messer die Brotkrume sorgfältig ausschneiden und herauslösen, in Würfel schneiden und im Ofen knusprig rösten.
Das ausgehöhlte Gebäck mit den Salatblättern auslegen.
Fleisch, Käse und Gemüse mit den Brotwürfeln vermischen.
Dressing darübergießen und nochmals gut durchmischen, in das ausgehöhlte Gebäck füllen, mit Petersilie oder Schnittlauch garnieren, Deckel aufsetzen und sofort servieren.

Pro Portion:

2 B + 1 G + 3 1/2 E + 25 K

1771 Joule
424 Kalorien
27 g Eiweiß
15 g Fett
35 g Kohlenhydrate
2,99 BE

Pikant gefüllte Grapefruit, siehe Rezept Seite 34 ▶

GEFÜLLTE SEMMELN – ÜBERBACKEN

ZUTATEN FÜR 4 PORTIONEN:

180 g Semmeln (4 Stück)
4 TL Pflanzenmargarine
160 g Topfen, 10%
1 Eidotter
2 EL Reibkäse
einige Knoblauchzehen, in Scheiben geschnitten
1 große rote Zwiebel, in Ringe geschnitten
Petersilie zum Garnieren

Semmeln halbieren und mit Margarine bestreichen.
Topfen, Eidotter und Käse verrühren und auf die Semmeln streichen. Knoblauch nach Belieben auf den Semmeln verteilen. Mit Zwiebel und Petersilie garnieren.
Das Backblech mit Back-Papier auslegen, Semmelhälften darauflegen und im vorgeheizten Rohr bei starker Oberhitze ca. 10 Minuten überbacken.

PRO PORTION:

$1^1/_2$ B + 1F + $^1/_2$ E + 30 K

1068 *Joule*
254 Kalorien
12 g Eiweiß
8 g Fett
28 g Kohlenhydrate
2,38 BE

PIKANT GEFÜLLTE GRAPEFRUIT

ZUTATEN FÜR 2 PORTIONEN:

1 Grapefruit
2 Karotten, grobgeraspelt
80 g Hüttenkäse
Streuwürze
Pfeffer, frisch gemahlen

Grapefruit halbieren, das Fruchtfleisch herauslösen und von den Zwischenhäutchen befreien. Mit den Karotten vermischen und in die Schalenhälften zurückgeben.
Hüttenkäse würzen und auf die beiden Grapefruithälften verteilen.

PRO PORTION:

1 O + 1 G + $^1/_2$ E

439 Joule
105 Kalorien
7 g Eiweiß
2 g Fett
12 g Kohlenhydrate
1,01 BE

SEMMELKNÖDEL

ZUTATEN FÜR 5 PORTIONEN:

300 g Weißbrot, kleinwürfelig geschnitten
12 EL Magermilch
3 Eier
1 EL Mehl
1 Zwiebel, feingehackt
Petersilie, feingehackt
Streuwürze, Muskatnuß, Pfeffer
Thymian, Majoran, Salz

Semmelwürfel auf dem Backblech verteilen und im vorgeheizten Rohr bei 180° C ca. 10 Minuten hellbraun rösten.
Dann mit heißer Milch übergießen.
Eier, Mehl, Zwiebel und Petersilie beigeben, würzen und zu einem Teig kneten.
5 Knödel formen, in kochendes Salzwasser legen und siedend 15 Minuten darin ziehen lassen.

PRO PORTION:

2 B + 60 K

1086 Joule
258 Kalorien
11 g Eiweiß
5 g Fett
36 g Kohlenhydrate
3,06 BE

STRAMMER MAX

ZUTATEN FÜR 1 PORTION:

60 g Schwarzbrot
Krensenf
60 g Puten-Leberkäse
1 TL Pflanzenöl
1 Ei
Salz, Pfeffer, Paprikapulver
1 Tomate, in Spalten geschnitten
1 Essiggurke, in Scheiben geschnitten

Brotscheibe mit Senf bestreichen.
Leberkäse in Öl gut anbraten und auf das Brot legen. Ein Spiegelei zubereiten, auf den Leberkäse legen und mit Gewürzen bestreuen.
Mit Tomatenspalten und Gurkenscheiben garniert servieren.

PRO PORTION:

2 B + 3 E + 1 F + 1 G

2184 Joule
522 Kalorien
21 g Eiweiß
30 g Fett
32 g Kohlenhydrate
2,76 BE

EIER-, KÄSE- UND SCHINKENGERICHTE

EIEROMELETTE MIT CAMEMBERT

ZUTATEN FÜR 2 PORTIONEN:

2 TL Pflanzenmargarine
4 Eier, versprudelt
Salz, Pfeffer
60 g Camembert, in Scheiben geschnitten
Paprikapulver
Petersilie, gehackt

Margarine in einer Pfanne heiß werden lassen, Eier eingießen, würzen und stocken lassen, öfters mit der Gabel auflockern.
Käsescheiben darauflegen, mit Paprika bestreuen und Omelette zusammenschlagen. Kurz anbräunen lassen und mit Petersilie bestreut heiß servieren.

TIP: Dazu reichen Sie Tomatenscheiben, mit Kräutern und Gewürzen bestreut, und Vollkornbrot.

PRO PORTION:

1 F + 3 1/2 E

1462 Joule
349 Kalorien
22 g Eiweiß
25 g Fett
3 g Kohlenhydrate
0,19 BE

EIERSCHNITZEL IN WÜRZIGER SAUCE

ZUTATEN FÜR 2 PORTIONEN:

1 TL Pflanzenmargarine
1/2 kleine Zwiebel, feingehackt
1 1/2 EL Mehl
ca. 1/16 l Hühnersuppe (Würfel oder Extrakt)
Petersilie, gehackt
3 Eier, hartgekocht, feingehackt
Salz, Muskatnuß
1 Ei
3 TL Pflanzenöl
1 EL Mehl

Sauce:
1 kleine Gewürzgurke
1/2 kleine Zwiebel
1/2 TL Kapern
Schnittlauch, Petersilie, Dille
1 EL Mayonnaise, 50%
1 EL Magermilch
Salz, Pfeffer

1 TL Margarine erhitzen, Zwiebel darin hell anlaufen lassen, mit Mehl stauben und mit Suppe aufgießen. Petersilie und gehackte Eier einrühren, würzen und mit versprudeltem Ei vermischen. Die Masse so lange auf der heißen Platte lassen, bis ein dicker Teig entsteht. Ein Blech mit 1 TL Öl befetten und den Teig fingerdick auftragen, mit Folie zudecken und auskühlen lassen. Danach rechteckige Schnitzel schneiden und in Mehl wenden.
Restliches Öl erhitzen und dann die Schnitzel darin auf beiden Seiten braun braten. Heiß mit Sauce servieren.
Sauce:
Gurkerl, Zwiebel, Kapern und Kräuter fein hacken.
Mayonnaise und Milch glattrühren und mit den anderen Zutaten gut vermischen.

TIP: Wenn Sie Fett einsparen möchten, so können Sie die Schnitzel auch auf einer Folie ohne Fett backen.

PRO PORTION:

3 F + 1/2 G + 1/2 B + 2 E

1771 Joule
425 Kalorien
20 g Eiweiß
28 g Fett
11 g Kohlenhydrate
0,99 BE

EIERSPEISE MIT KRÄUTERN UND TOMATEN

ZUTATEN FÜR 1 PORTION:

1 TL Pflanzenöl
50 g Zwiebeln, feingehackt
1 Tomate, entkernt, kleingeschnitten
Oregano, Salz
2 Eier
1 EL Wasser
2 EL frische Petersilie oder frischer Kerbel, gehackt
Salz

Öl in der Bratpfanne erhitzen und Zwiebeln darin hellgelb rösten. Tomatenstücke dazugeben und 5 bis 10 Minuten dünsten. Mit Oregano und Salz würzen.
Eier mit Wasser, Kräutern und Salz gut verschlagen, dazugießen und stocken lassen. Öfters umrühren.
Sofort servieren!

TIP: Blattsalat und Vollkornbrot ergänzen diese Speise zu einer kompletten Mahlzeit.

PRO PORTION:

1 F + 1 1/2 G + 2 E

1228 Joule
294 Kalorien
19 g Eiweiß
18 g Fett
7 g Kohlenhydrate
0,62 BE

Gebratene Schinkenrollen, siehe Rezept Seite 38 ▶

FRANZÖSISCHE SCHINKEN - EIER - PFANNE

ZUTATEN FÜR 2 PORTIONEN:

1 EL Pflanzenöl
1/2 Zwiebel, feingehackt
1 Knoblauchzehe
1 grüne Paprikaschote, in Streifen geschnitten
120 g Schinken, in Würfel geschnitten
2 feste Tomaten, enthäutet, entkernt, kleingeschnitten
Salz, Pfeffer
je 1 Prise Majoran und Thymian
1 EL Petersilie, gehackt
4 Eier

Öl erhitzen, Zwiebel darin hellgelb rösten und Knoblauch dazupressen. Paprika beifügen und 10 Minuten bei geringer Hitze dünsten.
Schinken und Tomaten dazugeben und weitere 10 Minuten dünsten, bis die Flüssigkeit eingekocht ist. Würzen und Petersilie beifügen.
Eier gut verquirlen, zum Gemüse gießen und unter ständigem Rühren stocken lassen.

TIP: Dazu noch eine Portion Salat – mit Marinade und frischen Kräutern zubereitet – servieren.

PRO PORTION:

1 1/2 F + 2 G + 4 E

1726 Joule
415 Kalorien
30 g Eiweiß
25 g Fett
9 g Kohlenhydrate
0,63 BE

GEBACKENE EIER MIT SCHNITTLAUCHSAUCE

ZUTATEN FÜR 2 PORTIONEN:

2 TL Pflanzenmargarine
2 1/2 EL Mehl
4 EL Bouillon,
1/8 l Magermilch
2 EL Sauerrahm
Salz, Pfeffer, Streuwürze, Muskatnuß
Schnittlauch, feingeschnitten
3 Eier, hartgekocht
Salz
2 1/2 EL Mehl
1 Ei
3 EL Brösel
2 TL Pflanzenöl

Margarine erhitzen, Mehl dazugeben, mit Bouillon und Milch aufgießen, mit dem Schneebesen glattrühren und ca. 7 Minuten unter öfterem Umrühren kochen lassen.
Sauerrahm versprudeln und einrühren, würzen, Schnittlauch darunterziehen und warm stellen. Eier schälen, der Länge nach halbieren, salzen, mit Mehl, verschlagenem Ei und Bröseln panieren.
Öl in einer beschichteten Pfanne erhitzen und die Eier darin backen.
Eier in die Sauce legen und sofort servieren.

PRO PORTION:

2 F + 1 1/2 B + 50 K + 2 E

2190 Joule
523 Kalorien
24 g Eiweiß
24 g Fett
39 g Kohlenhydrate
3,34 BE

GEBRATENE SCHINKENROLLEN

ZUTATEN FÜR 4 PORTIONEN:

60 g Semmeln, würfelig geschnitten
1/4 l Magermilch

Fülle:
1 Zwiebel, gehackt
160 g Faschiertes
Salz, Pfeffer, Majoran

300 g Schinken, in dünne Scheiben geschnitten
2 TL Pflanzenöl
3 EL Bouillon
3 EL Weißwein
3 EL Sauerrahm
Dille, gehackt

Semmelwürfel in heißer Milch einweichen.
Für die Fülle die Zwiebel kurz anrösten und mit den übrigen Zutaten der Fülle und den eingeweichten Semmelwürfeln gut vermischen. Schinkenscheiben mit der Masse bestreichen, aufrollen und mit Zahnstochern fixieren.
Im Öl gut anbraten, Bouillon, Wein und Sauerrahm dazugießen und 20 Minuten köcheln lassen.
Mit Dille bestreut servieren.

TIP: Dazu passen jede Art Salat sowie Kartoffelpüree und Teigwaren.

PRO PORTION:

1/2 B + 60 K + 3 1/2 E + 1/2 F

1856 Joule
444 Kalorien
27 g Eiweiß
26 g Fett
13 g Kohlenhydrate
1,09 BE

GEFÜLLTE EIER

ZUTATEN FÜR 4 PORTIONEN:

6 Eier, hartgekocht
2 EL Mayonnaise, 50%
Senf
4 TL Ketchup
Salz, Pfeffer
60 g Lachs, eingelegt, in Streifen geschnitten
60 g Shrimps, aus dem Glas
100 g Gurke, geschält, in Würfel geschnitten
100 g Radieschen, in Scheiben geschnitten
Petersilie, gehackt

Geschälte Eier der Länge nach halbieren, Dotter herausnehmen und passieren. Mayonnaise mit Senf, Ketchup, Salz und Pfeffer gut verrühren, mit der Dottermasse vermischen und in die Eihälften füllen.
Eier mit Lachs, Shrimps, Gurkenwürfeln, Radieschenscheiben und Petersilie garnieren.

TIP: Diese gefüllten Eier sind ein feines Gericht für ein kaltes Buffet.

PRO PORTION:

$2^1/_2$ E + 1 F + 5 K + $^1/_2$ G

821 Joule
196 Kalorien
7 g Eiweiß
14 g Fett
3 g Kohlenhydrate
0,38 BE

KÄSEGRÖSTL

ZUTATEN FÜR 2 PORTIONEN:

120 g Weißbrot, feingeschnitten
2 Eier
$^1/_4$ l Magermilch
Pfeffer, Muskatnuß, etwas Salz
120 g Emmentaler, grobgeraspelt
4 TL Pflanzenmargarine

Brot auf dem Backblech verteilen und im vorgeheizten Rohr bei 180° C ca. 10 Minuten rösten.
Eier, Milch und Gewürze verrühren und den Käse dazugeben. Diese Masse mit dem gerösteten Brot gut vermischen.
Alles in Margarine goldgelb braten, dabei das Gröstl von Zeit zu Zeit wenden.

PRO PORTION:

2 B + 4 E + $^1/_2$ M + 2 F

2725 Joule
651 Kalorien
34 g Eiweiß
34 g Fett
41 g Kohlenhydrate
3,44 BE

KÄSESCHNITTEN „RUSTIKA“

ZUTATEN FÜR 4 PORTIONEN:

240 g Toastbrot (8 Scheiben)
$^1/_8$ l Bier

Käsemasse:
180 g Emmentaler, gerieben
$^1/_8$ l Magermilch
2 Eier
2 EL Mehl
Muskatnuß, Paprikapulver, Pfeffer

4 TL Pflanzenöl

Toastbrotscheiben mit Bier beträufeln.
Käse mit Milch, Eiern, Mehl und Gewürzen gut verrühren. 15 Minuten stehen lassen.
Käsemasse auf Toastbrotscheiben verteilen. Käseschnitten mit der Käsemasse nach unten in heißem Öl goldgelb braten.

PRO PORTION:

2 B + 60 K + $2^1/_2$ E + 1 F

2083 Joule
496 Kalorien
24 g Eiweiß
23 g Fett
40 g Kohlenhydrate
3,29 BE

TOMATEN - MOZZARELLA – ÜBERBACKEN

ZUTATEN FÜR 2 PORTIONEN:

400 g Fleischtomaten, in Scheiben geschnitten
80 g Mozzarella, bis 45% F. i. Tr., in Scheiben geschnitten
Kräuter der Provence
2 TL Pflanzenöl
Knoblauch

Tomaten- und Käsescheiben abwechselnd in eine feuerfeste Form legen, mit Kräutern bestreuen und Öl darüberträufeln.
Im vorgeheizten Rohr bei 170° C gratinieren, bis der Käse goldgelb ist.

PRO PORTION:

2 G + 2 E + 1 F

843 Joule
201 Kalorien
10 g Eiweiß
13 g Fett
8 g Kohlenhydrate
0,59 BE

ÜBERBACKENE SCHINKEN - PORREE - RÖLLCHEN

ZUTATEN FÜR 2 PORTIONEN:

400 g Porree, in ca. 10 cm lange Stücke geschnitten
1/2 l Salzwasser
2 TL Pflanzenmargarine
2 TL Mehl
4 TL Sauerrahm
30 g Käse, bis 45% F. i. Tr., gerieben
1 Prise Muskatnuß
etwas Pfeffer
150 g Schinken, in Scheiben geschnitten

Porree ca. 20 Minuten in Salzwasser kochen, gut abtropfen lassen. 2 dl Kochwasser zurückbehalten.
Gratinform mit 1/2 TL Margarine auspinseln.
Restliche Margarine schmelzen, Mehl dazugeben, mit den 2 dl Gemüsekochwasser aufgießen und glattrühren. Sauerrahm und Käse daruntermischen und würzen.
Porreestücke mit Schinken umwickeln und die Röllchen in die Gratinform legen, mit der Sauce übergießen.
Im Rohr bei 220° C ca. 20 Minuten oder unter dem Grill einige Minuten überbacken.

TIP: Dieses Gericht kann auch mit Chicorée, Stangensellerie oder Schwarzwurzeln zubereitet werden. Chicorée halbieren und den bitteren Kern am Blattansatz herausschneiden. Bei Stangensellerie und Schwarzwurzeln dem Kochwasser etwas Zitronensaft beigeben.

PRO PORTION:

2 G + 1 F + 50 K + 3 E

1539 Joule
366 Kalorien
23 g Eiweiß
23 g Fett
10 g Kohlenhydrate
0,91 BE

VERLORENE EIER AUF TOAST MIT GEMÜSE

ZUTATEN FÜR 2 PORTIONEN:

2 TL Pflanzenöl
1 Zwiebel, feingehackt
1 Knoblauchzehe, gepreßt
150 g Melanzani, kleinwürfelig
2 Tomaten, enthäutet, entkernt, kleingeschnitten
je 1 Prise Majoran, Thymian, Rosmarin und Basilikum
Salz, Pfeffer
2 EL Petersilie, gehackt
1/2 l Salzwasser
2 EL Essig
2 Eier
60 g Toastbrot, getoastet

Öl erhitzen, Zwiebel darin hellgelb rösten.
Knoblauch und Melanzani beifügen und 10 Minuten dünsten. Tomaten dazugeben und noch 10 Minuten weiterdünsten. Würzen und Petersilie darüberstreuen.
Salzwasser mit Essig aufkochen lassen. Eier auf einem kleinen Teller aufschlagen und ins leicht kochende Wasser gleiten lassen, mit einem Löffel das Eiweiß um das Eidotter legen und 6 bis 8 Minuten ziehen lassen.
Eier gut abtropfen lassen, auf den Toasts anrichten und das Gemüse darüber verteilen.

TIP: Blattsalat schmeckt ausgezeichnet dazu.

PRO PORTION:

1 F + 2 G + 1 E + 1 B

1236 Joule
297 Kalorien
15 g Eiweiß
13 g Fett
26 g Kohlenhydrate
2,20 BE

WÜRSTELRAGOUT MIT EIERN

ZUTATEN FÜR 2 PORTIONEN:

1/2 Zwiebel, feingehackt
2 TL Pflanzenmargarine
1 EL Mehl
1/4 l Hühnersuppe (Würfel oder Extrakt)
je 1 TL Dille und Petersilie, feingehackt
2 Eier, hartgekocht, in Sechstel geteilt
120 g Frankfurter, in Scheiben geschnitten
1 EL Kaffeeobers
Salz, Streuwürze, Muskatnuß
Schnittlauch, feingeschnitten

Zwiebel in Margarine hellgelb rösten. Mehl einrühren, mit Suppe aufgießen und 5 bis 7 Minuten kochen lassen.
Dille und Petersilie dazugeben. Eier und Frankfurter in die Sauce geben. Kaffeeobers vorsichtig daruntermischen und würzen.
Kurz erhitzen und mit Schnittlauch bestreut servieren.

TIP: Dazu reichen Sie Vollkornbrot und Salat.

PRO PORTION:

1 F + 30 K + 3 E

1638 Joule
391 Kalorien
19 g Eiweiß
29 g Fett
5 g Kohlenhydrate
0,54 BE

NUDELGERICHTE, REISGERICHTE

BUNTE EIERNUDELN

ZUTATEN FÜR 2 PORTIONEN:

200 g Champignons, in Scheiben geschnitten
je 50 g rote, gelbe und grüne Paprikaschoten, in Streifen geschnitten
50 g Zwiebeln, feingehackt
2 TL Pflanzenmargarine
240 g Nudeln, gekocht
2 Eier
Salz, Pfeffer, Majoran

Gemüse in erhitzter Margarine anrösten und weich dünsten, Nudeln beimengen.
Eier versprudeln, würzen und über die Nudeln gießen. Unter leichtem Rühren stocken lassen.

TIP: Für diese schnell zubereitete Speise eignen sich Teigwarenreste sehr gut.

PRO PORTION:

2 G + 1 F + 1 1/2 B + 1 E

1618 Joule
387 Kalorien
18 g Eiweiß
12 g Fett
43 g Kohlenhydrate
3,54 BE

CANNELLONI

ZUTATEN FÜR 4 PORTIONEN:

250 g Cannelloni

Fülle:
1/2 Zwiebel, feingehackt
1 EL Pflanzenöl
240 g Faschiertes
Oregano, Salz, Pfeffer
1 Knoblauchzehe, gepreßt
200 g Spinat, passiert (tiefgekühlter aufgetaut)
1 Ei

Sauce:
1 Dose Tomaten
1/2 Zwiebel, feingehackt
1 EL Pflanzenöl
1 EL Mehl
2 EL Weißwein
1/8 l Rindsuppe (Würfel oder Extrakt)
1 Lorbeerblatt
Salz, Pfeffer
Petersilie, feingehackt

30 g Reibkäse, bis 45% F. i. Tr.

Cannelloni in kochendem Salzwasser halbweich kochen. In ein Sieb geben, kalt abspülen und auf Küchenpapier gut abtropfen lassen.
Fülle:
Zwiebel in heißem Öl anrösten, Faschiertes dazugeben und mitrösten, würzen, Spinat und Ei einrühren. Auskühlen lassen, dadurch wird die Masse dicker. Fülle in einen Dressiersack geben und in die Cannelloni füllen. Diese in eine feuerfeste Form legen.
Sauce:
Tomaten abseihen und fein hacken. Zwiebel in Öl anlaufen lassen, mit Mehl stauben und mit Wein ablöschen. Tomaten dazugeben, mit Suppe aufgießen, Gewürze und Petersilie beifügen und kurz verkochen lassen.
Sauce über die Cannelloni gießen und mit Käse bestreuen. Im stark vorgeheizten Rohr bei 200° C 15 bis 20 Minuten backen.

PRO PORTION:

2 1/2 B + 1 G + 1 1/2 F + 2 E + 25 K

1709 Joule
408 Kalorien
23 g Eiweiß
22 g Fett
21 g Kohlenhydrate
1,83 BE

NUDELN MIT GORGONZOLASAUCE

ZUTATEN FÜR 1 PORTION:

1/8 l Magermilch
60 g Gorgonzola
Salz, Pfeffer
120 g Nudeln, gekocht

Milch erhitzen, Gorgonzola darin schmelzen und würzen. Heiße Nudeln auf dem Teller anrichten und mit Sauce übergießen.

TIP: Mit Champignons läßt sich diese Nudelspeise sehr gut erweitern.

PRO PORTION:

1/2 M + 3 E + 1 1/2 B

1908 Joule
456 Kalorien
22 g Eiweiß
20 g Fett
40 g Kohlenhydrate
3,33 BE

Spaghetti mit Schinkentopfen, siehe Rezept Seite 44 ▶

NUDELAUFLAUF

ZUTATEN FÜR 1 PORTION:

80 g mageres Rindfleisch, faschiert
100 g Paprikaschoten, in Streifen geschnitten
100 g Champignons, blättrig geschnitten
1 TL Pflanzenmargarine
1 TL Mehl
$^1/_8$ l Magermilch
20 g Käse, bis 45% F. i. Tr., gerieben
80 g Bandnudeln, gekocht
1 Knoblauchzehe, gepreßt
Salz, Pfeffer, Majoran

Faschiertes in einer beschichteten Pfanne ohne Fett rösten. Paprikastreifen ca. 3 Minuten kernig kochen. Champignons in einer beschichteten Pfanne dünsten.
Aus Pflanzenmargarine, Mehl und Magermilch eine Bechamelsauce zubereiten. Käse daruntermengen und kurz aufkochen lassen, bis die Sauce eingedickt ist. Faschiertes, Gemüse und Nudeln mit der Sauce vermischen. Zuletzt mit Knoblauch, Salz, Pfeffer und Majoran würzen.
Masse in eine Auflaufform geben und bei 200° C im Rohr ca. 30 Minuten backen.

PRO PORTION:

3 E + 2 G + 1 F +
10 K + $^1/_2$ M + 1 B

1741 Joule
417 Kalorien
35 g Eiweiß
12 g Fett
30 g Kohlenhydrate
2,5 BE

SPAGHETTI MIT SCHINKENTOPFEN

ZUTATEN FÜR 1 PORTION:

80 g Spaghetti, gekocht
30 g Schinken, in Streifen geschnitten
1 TL Pflanzenöl
80 g Topfen, 10%
Knoblauch, Salz, Pfeffer
2 EL Kresse, feingehackt

Spaghetti und Schinken in Öl anbraten, Topfen unterrühren und würzen.
Mit Kresse bestreut servieren.

TIP: Dazu schmeckt gemischter Salat vorzüglich.

PRO PORTION:

1 B + 2 E + 1 F

1043 Joule
248 Kalorien
19 g Eiweiß
12 g Fett
12 g Kohlenhydrate
0,98 BE

CHINESISCHE REISPFANNE

ZUTATEN FÜR 2 PORTIONEN:

75 g Langkornreis
1 EL Pflanzenöl
160 g Hühnerfleisch, in kleine Stücke geschnitten
$^1/_2$ Zwiebel, feingehackt
100 g Porree, in dünne Scheiben geschnitten
100 g Kohl, grobe Rippen entfernen, Blätter in Streifen geschnitten
100 g Karotten, feingeschnitten
60 g Krabben, tiefgekühlt oder aus dem Glas
1 TL Streuwürze
1 EL Sojasauce

Omelette:
1 Ei
1 EL Wasser
1 TL Erdnußöl

Reis in $^1/_2$ l kochendes Wasser einstreuen und 18 bis 20 Minuten kochen lassen. Gekochten Reis gut abtropfen lassen.
Öl erhitzen, Fleisch rasch anbraten, Gemüse dazugeben und 5 Minuten dünsten.
Krabben beigeben und heiß werden lassen. Mit Streuwürze und Sojasauce würzen, Reis dazugeben und 5 bis 10 Minuten rösten.
Ei mit Wasser versprudeln, ins heiße Fett gießen und ein Omelette backen. In Streifen schneiden und über den Reis verteilen.

TIP: Bereiten Sie aus 2 Eiern mehrere Omelettes zu und füllen Sie diese mit dem Fleisch-Gemüse-Krabben-Gemisch.

PRO PORTION:

$1^1/_2$ B + 2 F +
$3^1/_2$ E + 2 G

1688 Joule
403 Kalorien
36 g Eiweiß
16 g Fett
21 g Kohlenhydrate
1,75 BE

CHAMPIGNON-REIS

ZUTATEN FÜR 2 PORTIONEN:

75 g Langkornreis
$^1/_4$ l Hühnerbouillon
1 TL Pflanzenmargarine
100 g frische Champignons, blättrig geschnitten
1 TL Streuwürze
Majoran
1 EL Petersilie, gehackt

Reis gar kochen und warm halten.
Margarine in einer Bratpfanne erhitzen, Champignons beigeben und dünsten. Würzen, Petersilie zum Reis geben, mit Champignons gut vermischen und heiß werden lassen.

PRO PORTION:

$1^1/_2$ B + $^1/_2$ F + $^1/_2$ G

385 Joule
92 Kalorien
3 g Eiweiß
2 g Fett
11 g Kohlenhydrate
0,96 BE

PILZRISOTTO

ZUTATEN FÜR 2 PORTIONEN:

1 Beutel getrocknete Steinpilze
4 TL Pflanzenöl
1 Zwiebel, feingehackt
125 g Reis
$^1/_8$ l Weißwein
$^1/_2$ bis $^3/_4$ l Bouillon
$^1/_2$ TL Safranpulver
60 g Parmesan, gerieben

Pilze mit $^1/_4$ l kochendem Wasser übergießen und zugedeckt 10 Minuten stehen lassen.
Öl in einer Pfanne erhitzen, Zwiebel und Reis beifügen und unter Rühren glasig dünsten. Mit Wein ablöschen und einkochen lassen.
Pilze mit der Einweichflüssigkeit zum Reis geben. Die heiße Bouillon mit dem Schöpflöffel portionsweise dazugeben, Safranpulver beifügen. Reis unter öfterem Rühren leicht kochen. Die Flüssigkeit stets einkochen lassen, erst dann wieder neue dazugeben – das Gericht soll dickflüssig und sämig sein. Kochzeit ca. 20 bis 30 Minuten.
Vor dem Servieren Parmesan mit dem Risotto vermengen.

TIP: Gebratene Tomaten und/oder Salat ergänzen dieses Gericht zu einer kompletten Mahlzeit.

PRO PORTION:

1 G + 2 F + $2^1/_2$ B + 50 K + $1^1/_2$ E

2187 Joule
523 Kalorien
18 g Eiweiß
17 g Fett
57 g Kohlenhydrate
4,70 BE

REIS „NEPAL“ MIT CASHEWNÜSSEN

ZUTATEN FÜR 4 PORTIONEN:

200 g Vollkornreis, trocken
1 Gemüsebouillonwürfel
1 TL Currypulver
2 kleine Äpfel, geschält, dünnblättrig geschnitten
1 Zwiebel, feingehackt
2 TL Pflanzenmargarine
40 g Rosinen, in Wasser eingeweicht
frische Korianderblätter, feingehackt
Pfeffer, frisch gemahlen
Kräutersalz
28 Stück Cashewnüsse

Reis in Gemüsebouillon kernig kochen, Currypulver daruntermischen.
Äpfel und Zwiebel in Margarine dünsten, eingeweichte Rosinen dazugeben, eventuell Wasser beifügen und mit dem Curryreis vermischen. Mit Koriander, Pfeffer und Kräutersalz würzen.
Cashewnüsse über den Reis geben und servieren.

PRO PORTION:

2 B + 1 O + $^1/_2$ F + 1 E + 40 K

1247 Joule
298 Kalorien
11 g Eiweiß
7 g Fett
39 g Kohlenhydrate
3,37 BE

REISGERICHT MIT WURST

ZUTATEN FÜR 1 PORTION:

150 g grüne Paprikaschoten, würfelig geschnitten
1 TL Pflanzenmargarine
90 g Putenknacker, in Scheiben geschnitten
80 g Reis, gekocht
Salz, Pfeffer, Basilikum
2 TL Ketchup

Paprika in wenig Wasser 3 Minuten dünsten und danach gut abtropfen lassen.
Pflanzenmargarine erhitzen und die Wurstscheiben darin anbraten. Reis und Paprika dazugeben, würzen und gut vermischen. Zuletzt mit Ketchup verfeinern.

PRO PORTION:

$1^1/_2$ G + 1 F + 3 E + 1 B + 10 K

1275 Joule
305 Kalorien
23 g Eiweiß
9 g Fett
27 g Kohlenhydrate
2,22 BE

REISVARIATIONEN

ROTER REIS
Reis wird mit Paprikapulver oder Tomatenmark gefärbt. Eignet sich gut als Beilage zu allen dunklen Fleischsorten und zu Gulasch.

GRÜNER REIS
Der Reis bekommt seine Farbe durch feingehackte Kräuter, die ihm auch seinen Geschmack verleihen.
Paßt gut zu Fisch und geschmortem Fleisch.

SAFRAN-REIS
Safranpulver unter den Reis mischen oder einige Fäden zuvor im Wasser kochen.
Dieser Reis ist im Geschmack neutraler, dennoch in der Farbe dekorativer als Curry-Reis.
Safran-Reis paßt zu Fleisch- und Fischragout in heller Sauce und macht sich gut als gelber Reisrand.

CURRY-REIS
Reis wird mit Curry gewürzt.
Curry-Reis ist kräftig in der Farbe und paßt gut zu Fisch, Hühnerragout, zu orientalischen Gerichten, zu Krusten- und Schalentieren und zu Lammfleisch.

KARTOFFELGERICHTE

BOUILLON - KARTOFF

ZUTATEN FÜR 2 PORTIONEN:

$^{1}/_{4}$ l Bouillon (Würfel oder Extrakt)
240 g Kartoffeln, geschält, in Scheiben geschnitten
1 EL Petersilie, gehackt

Bouillon aufkochen, Kartoffelscheiben beifügen u
weich kochen.
Vor dem Servieren Petersilie darüberstreuen.

Pfeffer
[illegible]
Kamillentee / Blätter
Erdäpfel
Karotten
Haferflocken

GEBRATENE KARTOFFELLAIBCHE

ZUTATEN FÜR 4 PORTIONEN:

600 g mehlige Kartoffeln
1 kleine Zwiebel, feingehackt
1 TL Pflanzenöl
Petersilie, feingehackt
Salz, Pfeffer, Muskatnuß
1 Eidotter
2 Tomaten, geschält, entkernt, würfelig geschnitten
240 g Geselchtes, gekocht, grobgehackt
$2^{1}/_{2}$ EL Mehl
1 EL Pflanzenöl

Kartoffeln schälen, vierteln, in Salzwasser weich kochen, abseihen und abtrocknen lassen.
Zwiebel in heißem Öl hell rösten, Petersilie dazugeben und kurz mitrösten.
Die noch sehr heißen Kartoffeln mit dem Stampfer pürieren, würzen und Eidotter einrühren. Zwiebel, Petersilie, Tomatenstückchen und Geselchtes unter die Kartoffeln mischen. Gut abkühlen lassen.
Aus der Masse Laibchen formen, beidseitig bemehlen und in heißem Öl auf beiden Seiten rasch goldgelb braten.

TIP: Gedünstete Karotten und Blattsalat passen sehr gut als Beilagen dazu.

PRO PORTION:

$1^{1}/_{2}$ B + $^{1}/_{2}$ G + 1 F + 10 K + 2 E

1474 Joule
351 Kalorien
23 g Eiweiß
11 g Fett
32 g Kohlenhydrate
2,79 BE

KARTOFFELAUFLAUF

ZUTATEN FÜR 4 PORTIONEN:

2 Zwiebeln, in Ringe geschnitten
2 TL Pflanzenöl
2 TL Pflanzenmargarine
480 g Kartoffeln, gekocht, geschält, in ca. $^{1}/_{2}$ cm dicke Scheiben geschnitten
4 Eier, hartgekocht, in Scheiben geschnitten
$^{1}/_{8}$ l Joghurt, bis 1%
$^{1}/_{8}$ l Magermilch
2 Eier
Salz, Pfeffer
1 EL Brösel

Zwiebeln in heißem Öl braun rösten.
Eine feuerfeste Form mit Margarine befetten. Mit $^{1}/_{3}$ der Kartoffelscheiben den Boden auslegen, $^{1}/_{2}$ Menge der Zwiebeln und Eischeiben darauf verteilen, den Vorgang wiederholen und mit dem restlichen Drittel der Kartoffelscheiben abschließen.
Joghurt, Milch und Eier versprudeln, würzen und über die Kartoffeln gießen. Mit Bröseln bestreuen.
Im vorgeheizten Rohr bei 200° C 40 Minuten überbakken.

TIP: Dazu passen Tomaten- und Blattsalat.

PRO PORTION:

$^{1}/_{2}$ G + 1 F + 1 B + $1^{1}/_{2}$ E + 30 K

1489 Joule
355 Kalorien
18 g Eiweiß
15 g Fett
30 g Kohlenhydrate
2,49 BE

Gebratene Kartoffellaibchen, siehe Rezept Seite 48 ▶

KARTOFFELN IN DER FOLIE

ZUTATEN FÜR 2 PORTIONEN:

240 g Kartoffeln
je 1 MSP Paprikapulver, Salz und Kümmel
1 TL Pflanzenmargarine

Kartoffeln waschen und naß in Folie einwickeln. Auf dem Grill oder im Backofen ca. 60 Minuten braten. Folie öffnen, Kartoffeln kreuzweise einschneiden, Schnittränder leicht auseinanderbiegen, würzen und Margarineflocken aufsetzen.

PRO PORTION:

1 B + 1/2 F

543 Joule
130 Kalorien
3 g Eiweiß
2 g Fett
20 g Kohlenhydrate
1,76 BE

KARTOFFELN MIT SCHINKEN UND KÄSE – ÜBERBACKEN

ZUTATEN FÜR 2 PORTIONEN:

2 TL Pflanzenmargarine
240 g Kartoffeln, geschält, in ca. 1/2 cm dicke Scheiben geschnitten
90 g Schinken, würfelig geschnitten
1 Ei
1/8 l Magermilch
Salz, Pfeffer
Muskatnuß, gerieben
60 g Raclettekäse, in dünne Scheiben geschnitten

Eine feuerfeste Form mit Margarine befetten. Die Hälfte der Kartoffelscheiben einschlichten, Schinken darauf verteilen und mit den restlichen Kartoffelscheiben abdecken. Ei mit Milch und Gewürzen versprudeln, über die Kartoffeln gießen und zuletzt mit Käsescheiben belegen.
Im vorgeheizten Rohr bei 160° C 30 bis 35 Minuten backen.

PRO PORTION:

1 F + 1 B + 3 1/2 E + 25 K

1903 Joule
454 Kalorien
25 g Eiweiß
24 g Fett
24 g Kohlenhydrate
2,10 BE

TOMATEN - KARTOFFELN

ZUTATEN FÜR 2 PORTIONEN:

2 TL Pflanzenmargarine
1/2 Zwiebel, feingehackt
2 Tomaten, enthäutet, entkernt, kleingeschnitten
Majoran
240 g Kartoffeln, geschält, in Würfel geschnitten
6 EL Bouillon
1 EL Schnittlauch, feingeschnitten

Margarine zergehen lassen, Zwiebel darin goldgelb rösten, Tomaten beigeben und mitdünsten.
Majoran darüberstreuen, Kartoffeln beifügen, Bouillon dazugießen und 15 bis 20 Minuten dämpfen.
Mit Schnittlauch bestreut servieren.

PRO PORTION:

1 F + 1 G + 1 B

689 Joule
165 Kalorien
4 g Eiweiß
4 g Fett
24 g Kohlenhydrate
2,04 BE

ÜBERBACKENE KARTOFFELN

ZUTATEN FÜR 1 PORTION:

1 TL Pflanzenmargarine
120 g Kartoffeln, geraspelt
1 Tomate, in Scheiben geschnitten
30 g Käse, bis 45% F. i. Tr., gerieben
Salz, Zitronenpfeffer
Oregano

Eine feuerfeste Form mit Margarine einfetten, Kartoffeln hineingeben, mit Tomatenscheiben belegen und mit Käse bestreuen.
Im vorgeheizten Rohr bei 200° C Oberhitze überbacken.

PRO PORTION:

1 F + 1 B + 1 G + 1 1/2 E

1198 Joule
287 Kalorien
12 g Eiweiß
13 g Fett
25 g Kohlenhydrate
2,07 BE

GEMÜSE ALS HAUPTSPEISE

AUFLAUF „ITALIA"

ZUTATEN FÜR 2 PORTIONEN:

240 g Faschiertes, sehr mager
300 g Tomaten, aus der Dose, kleingeschnitten
1 Zwiebel, feingehackt
1 Knoblauchzehe, gepreßt
$^1/_2$ grüne Paprikaschote, kleingeschnitten
Salz
1 EL trockener Weißwein
2 EL Petersilie, feingehackt
1 TL Pflanzenmargarine
400 g Melanzani, in Scheiben geschnitten
2 EL Parmesan, gerieben
$1^1/_2$ EL Brösel

Faschiertes mit Tomaten, Zwiebel, Knoblauch und Paprika gut abmischen. Mit Salz, Wein und Petersilie würzen und in einer beschichteten Pfanne fettfrei rösten.
Auflaufform mit Margarine befetten. Melanzanischeiben abwechselnd mit der Fleischmasse einschichten.
Zuletzt Parmesan mit Bröseln vermischen und darüberstreuen. Bei 220° C 30 Minuten im Rohr backen.

TIP: Dazu schmecken Petersilienkartoffeln oder Vollkornreis.

PRO PORTION:

3 E + ca. 4 G + 60 K + $^1/_2$ F

1727 Joule
412 Kalorien
28 g Eiweiß
18 g Fett
22 g Kohlenhydrate
1,83 BE

BLATTSPINAT – ÜBERBACKEN

ZUTATEN FÜR 4 PORTIONEN:

1 Zwiebel, feingehackt
4 TL Pflanzenmargarine
60 g Sardellenringerln, kleingeschnitten
800 g Blattspinat, gekocht (tiefgekühlten auftauen lassen)
Salz, Pfeffer, Muskatnuß
2 Tomaten, in Scheiben geschnitten
60 g Emmentaler, gerieben

Zwiebel in erhitzter Margarine hell anlaufen lassen. Sardellen und Spinat dazugeben, heiß werden lassen, gut durchmischen und würzen.
Spinatmasse in eine feuerfeste Schüssel geben, mit Tomatenscheiben belegen und mit Käse bestreuen.
Im vorgeheizten Rohr bei 250° C kurz überbacken.

PRO PORTION:

$2^1/_2$ G + 1 F + 1 E + 20 K

809 Joule
194 Kalorien
13 g Eiweiß
13 g Fett
4 g Kohlenhydrate
0,39 BE

BROKKOLISTRUDEL

ZUTATEN FÜR 2 PORTIONEN:

4 TL Pflanzenmargarine
400 g Brokkoli, Stiele von Röschen trennen und würfelig schneiden
200 g Champignons, blättrig geschnitten
1 große Zwiebel, feingehackt
1 TL Gemüseextrakt
120 g Blätterteig, ausgewalkt
60 g Käse, bis 45% F. i. Tr., würfelig geschnitten
60 g Geselchtes, würfelig geschnitten

2 TL Margarine erhitzen, das Gemüse dazugeben und bei mittlerer Hitze zugedeckt 10 Minuten dünsten. Mit Gemüseextrakt würzen. Zuletzt, ohne Deckel, bei starker Hitze kurz kochen, damit die ganze Flüssigkeit einkocht. Teig auf ein Tuch geben, mit Gemüsemasse belegen, Käse- und Fleischwürfel darüber verteilen und zusammenrollen. Das Backblech mit Back-Papier auslegen, Strudel daraufgeben und mit 2 TL zerlassener Margarine bepinseln.
Im Rohr bei 200° C goldgelb backen.

PRO PORTION:

2 F + $3^1/_2$ G + 2 B + $2^1/_2$ E

2120 Joule
505 Kalorien
31 g Eiweiß
25 g Fett
33 g Kohlenhydrate
2,76 BE

Kohlschnitzel, siehe Rezept Seite 60 ▶

BROKKOLI MIT EI

ZUTATEN FÜR 2 PORTIONEN:

wenig Salzwasser
400 g Brokkoli
1 Ei, hartgekocht, gehackt
Streuwürze
Pfeffer

Salzwasser zum Kochen bringen, Brokkoli hineingeben und 15 Minuten weich dämpfen.
Brokkoli anrichten, Ei darüberstreuen und leicht würzen.

PRO PORTION:

2 G + 1/2 E

456 Joule
109 Kalorien
11 g Eiweiß
3 g Fett
6 g Kohlenhydrate
0,50 BE

CHAMPIGNON - KRÄUTER - OMELETTES

ZUTATEN FÜR 4 PORTIONEN:

Teig:
3/8 l Magermilch
10 EL Mehl
2 Eier
Salz

2 EL Pflanzenöl, zum Ausbacken

Fülle:
2 TL Pflanzenmargarine
400 g Champignons, blättrig geschnitten
Schnittlauch, Petersilie, Dille, Kresse
4 EL Magermilch
Salz, Pfeffer, Muskatnuß

Aus Milch und Mehl einen dünnen Teig zubereiten, einige Tropfen Öl, Eier und Salz dazugeben und alles gut durchrühren. Teig kurz rasten lassen.
Öl erhitzen, dünne Omelettes ausbacken und warm stellen.
In einer Pfanne Margarine erhitzen, Champignons darin weich dünsten und Kräuter dazugeben. Mit Milch aufgießen, würzen und kurz verkochen lassen.
Kräuterchampignons auf den Omelettes verteilen und zusammenklappen.
Heiß servieren.

TIP: Mit Schinkenwürfeln läßt sich diese Fülle gut ergänzen.

PRO PORTION:

40 K + 1 B + 1/2 E + 2 F + 1 G

1270 Joule
303 Kalorien
14 g Eiweiß
13 g Fett
26 g Kohlenhydrate
2,15 BE

CHAMPIGNONPASTETE

ZUTATEN FÜR 4 PORTIONEN:

6 TL Pflanzenmargarine
1 Zwiebel, feingehackt
80 g Hühnerleber, würfelig geschnitten
Salz, Pfeffer
300 g Champignons, in Scheiben geschnitten
Petersilie, gehackt
2 Eier, hartgekocht, kleingeschnitten
2 EL Magermilch
1 TL Senf
1 EL Brösel
Muskatnuß, gerieben
2 Eiklar

4 TL Margarine erhitzen, Zwiebel darin hell anrösten, Leber mitrösten, salzen und pfeffern. Champignons und Petersilie dazugeben und weich dünsten. Mischung auskühlen lassen. Eier und Mischung faschieren, mit Milch, Senf, Bröseln, Salz, Pfeffer und Muskatnuß durchmischen, danach rasten lassen. Eiklar salzen, zu festem Schnee schlagen und unter die Masse heben.
Eine Wannenform mit 2 TL Margarine befetten, Masse einfüllen und zugedeckt im Wasserbad 30 bis 45 Minuten kochen lassen. Auf eine Platte stürzen und heiß servieren.

TIP: Kartoffelpüree ist eine sehr gute Beilage, ebenso Tomatensauce.

PRO PORTION:

1 1/2 F + 1 G + 1 E + 20 K

792 Joule
189 Kalorien
11 g Eiweiß
11 g Fett
6 g Kohlenhydrate
0,54 BE

EIERSPEISE MIT PILZEN AUF SPINAT

ZUTATEN FÜR 1 PORTION:

200 g Blattspinat
Salz, Pfeffer, Knoblauchpulver
1 TL Pflanzenmargarine
100 g Pilze (oder Champignons, Eierschwammerln), blättrig geschnitten
50 g Zwiebeln, feingehackt
1 TL Pflanzenöl
1 Ei
etwas Mineralwasser
1 EL Magertopfen
Salz, Pfeffer
Petersilie, feingehackt

Spinat kochen, abseihen, gut abtropfen lassen, würzen und in zerlassener Margarine schwenken.
Pilze und Zwiebeln in Öl anrösten und gar dünsten.
Ei, Mineralwasser, Topfen, Salz und Pfeffer verquirlen und über die Pilze geben, stocken lassen.
Eierspeise auf den Spinat legen und mit Petersilie bestreut servieren.

PRO PORTION:

3 1/2 G + 2 F + 1 E + 20 K

1168 Joule
280 Kalorien
21 g Eiweiß
17 g Fett
8 g Kohlenhydrate
0,63 BE

FENCHEL MIT KÄSE

ZUTATEN FÜR 2 PORTIONEN:

400 g Fenchelknolle, in dicke Scheiben geschnitten
Salz
1/2 TL Suppenextrakt
1 MSP Muskatnuß, gerieben
120 g Käse, bis 45% F. i. Tr., gerieben

Fenchelscheiben in wenig Salzwasser mit Suppenextrakt und Muskatnuß dünsten.
Danach das Gemüse gut abtropfen lassen, in eine feuerfeste Form legen und Käse darüberstreuen. Auf höchster Stufe im vorgeheizten Rohr oder im Grill überbacken, bis der Käse goldgelb ist.

PRO PORTION:

2 G + 3 E

948 Joule
226 Kalorien
21 g Eiweiß
11 g Fett
8 g Kohlenhydrate
0,71 BE

GEFÜLLTE PAPRIKA UND TOMATEN

ZUTATEN FÜR 2 PORTIONEN:

1 große Paprikaschote, halbiert und entkernt
1/2 l Salzwasser
2 feste Tomaten
2 TL Pflanzenöl
1/2 Zwiebel, feingehackt
240 g Rindfleisch, faschiert
Salz, Pfeffer, Majoran, Thymian
2 EL Tomatenpüree
2 EL Petersilie, gehackt
ca. 1/8 l Bouillon
2 EL Sauerrahm

Paprika 5 Minuten in Salzwasser vorkochen. Bei den Tomaten Deckel abschneiden, aushöhlen, Inneres zurückbehalten. Öl erhitzen und Zwiebel darin goldgelb dünsten. Faschiertes mitdünsten und würzen. Tomatenpüree und Petersilie beigeben. Inneres der Tomaten durch ein Sieb streichen, beifügen und aufkochen.
Tomaten und Paprikahälften mit der Masse füllen und in eine feuerfeste Form stellen, Bouillon angießen.
Mit Deckel oder Alufolie zugedeckt im Rohr bei ca. 200° C 30 Minuten schmoren.
Sauerrahm obenauf verteilen und servieren.

TIP: Auch Zucchini und Melanzani – halbiert und kurz vorgekocht – schmecken fein mit dieser Fülle.
Als Beilage dazu Trockenreis servieren.
Bereiten Sie von dieser Fülle mehrere Portionen zu – sie eignet sich sehr gut zum Tiefkühlen.

PRO PORTION:

2 G + 1 F + 3 E + 30 K

2231 Joule
535 Kalorien
31 g Eiweiß
36 g Fett
10 g Kohlenhydrate
0,93 BE

GEFÜLLTE TOMATEN

ZUTATEN FÜR 4 PORTIONEN:

12 kleine Tomaten
240 g Thunfisch, kleingehackt
4 Eier, hartgekocht, kleingehackt
Schnittlauch, feingeschnitten
Senf, Salz, Pfeffer
Salatblätter

Tomaten mit einem scharfen Messer abkappen und mit einem kleinen Löffel aushöhlen.
Thunfisch, Eier, Schnittlauch und Senf vermischen, salzen und pfeffern.
Tomaten damit füllen und auf Salatblättern anrichten.

TIP: Übergießen Sie zuletzt die Tomaten mit einer Salatmarinade nach Ihrem Geschmack.

PRO PORTION:

2 G + 3 E

1536 Joule
368 Kalorien
20 g Eiweiß
25 g Fett
7 g Kohlenhydrate
0,61 BE

GEFÜLLTE TOMATEN „ERNESTO"

ZUTATEN FÜR 4 PORTIONEN:

4 TL Pflanzenmargarine
120 g Weißbrot, würfelig geschnitten
2 Zwiebeln, feingehackt
60 g Geselchtes
8 mittelgroße Tomaten
Basilikum, Pfeffer, Paprikapulver, Muskatnuß
3/8 l Bouillon
400 g Rindfleisch, faschiert
Streuwürze

Margarine erhitzen, Brotwürfel darin gut rösten, herausnehmen. Danach Zwiebeln und Geselchtes anbraten.
Bei den Tomaten Deckel abschneiden und aushöhlen. Das Tomatenfleisch mit Brotwürfeln, Zwiebeln und Geselchtem vermischen und gut würzen.
In eine Auflaufform geben und die Bouillon darübergießen. Die ausgehöhlten Tomaten darauflegen und nochmals mit Basilikum und Pfeffer würzen.
Faschiertes anbraten und mit Streuwürze würzen. Die Tomaten damit füllen und die Deckel darauflegen. Das restliche Faschierte neben den Tomaten verteilen.
Im vorgeheizten Rohr bei 230° C etwa 25 Minuten backen.

PRO PORTION:

1 F + 1 B + 2 G + 3 E

1918 Joule
458 Kalorien
31 g Eiweiß
22 g Fett
25 g Kohlenhydrate
2,10 BE

GEMÜSEASPIK

ZUTATEN FÜR 1 PORTION:

3 Blätter Gelatine
1/4 l Wasser
etwas Zitronensaft
1 EL Weißwein
100 g Karotten, in Scheiben geschnitten
100 g Karfiol, in Röschen geteilt
8 grüne Spargelspitzen, gekocht oder aus dem Glas
1 Ei, hartgekocht, in Scheiben geschnitten
1 kleine Tomate, in Scheiben geschnitten
50 g Gewürzgurken, in Scheiben geschnitten

Gelatine nach Vorschrift einweichen und in heißem Wasser auflösen. Zitronensaft und Wein beifügen, auskühlen lassen, nicht ganz fest werden lassen.
Karotten und Karfiol in Salzwasser 5 bis 10 Minuten kochen, gut abtropfen und auskühlen lassen.
Ein bißchen Aspik in eine Form gießen, im Kühlschrank etwas fest werden lassen. Gemüse und Eischeiben abwechselnd einlegen, dazwischen immer wieder Aspik eingießen und fest werden lassen. Zum Schluß restliches Aspik aufgießen und im Kühlschrank erstarren lassen.
Vor dem Servieren die Form kurz in heißes Wasser tauchen und das Gemüseaspik auf einen Teller stürzen. Mit Tomaten- und Gurkenscheiben garnieren.

TIP: Diese Speise läßt sich auch sehr gut für mehrere Portionen in einer größeren Form zubereiten.

PRO PORTION:

15 K + 4 G + 1 E

818 Joule
195 Kalorien
16 g Eiweiß
7 g Fett
10 g Kohlenhydrate
0,91 BE

Paprika mit Pastetenfülle, siehe Rezept Seite 62 ▶

GEMÜSELASAGNE

ZUTATEN FÜR 4 PORTIONEN:

4 TL Pflanzenmargarine
100 g Zwiebeln, gehackt
100 g Suppengrün, kleingeschnitten
4 Knoblauchzehen, gepreßt
320 g mageres Rindfleisch, faschiert
400 g Tomaten, aus der Dose, kleingeschnitten
Salz, Pfeffer
Basilikum, Oregano
600 g Melanzani, in 1 cm dicke Scheiben geschnitten
4 TL Mehl
1/4 l Magermilch
1 Suppenwürfel
8 TL Parmesan, gerieben

2 TL Pflanzenmargarine erhitzen. Zwiebeln, Suppengrün und Knoblauch darin anrösten, Rindfleisch dazugeben und alles gut durchrösten lassen. Tomaten zufügen, mit Salz, Pfeffer, Basilikum und Oregano würzen und zu einer Sauce einkochen lassen.
Melanzanischeiben in kochendes Salzwasser geben und 3 Minuten kochen lassen, abseihen und trockentupfen.
Aus 2 TL Margarine, Mehl, Milch und Suppenwürfel eine Bechamelsauce zubereiten.
Melanzanischeiben abwechselnd mit der Tomatensauce in eine Auflaufform geben, Bechamelsauce darübergießen, mit Parmesan bestreuen und bei 170° C im Rohr ca. 45 Minuten backen.

PRO PORTION:

1 F + 3 G + 2 E + 50 K

1163 Joule
277 Kalorien
25 g Eiweiß
9 g Fett
16 g Kohlenhydrate
1,35 BE

GEMÜSETOPF MIT SCHINKEN

ZUTATEN FÜR 1 PORTION:

200 g Karfiol, in Röschen zerteilt
100 g Karotten, in Scheiben geschnitten
100 g Porree, in Ringe geschnitten
1 TL Pflanzenöl
1/8 l Gemüsebouillon
60 g Schinken, in Streifen geschnitten

Gemüse in heißem Öl andünsten, Bouillon zufügen und 10 Minuten garen.
Schinkenstreifen darübergeben und sofort servieren.

TIP: Vollkornbrot dazu schmeckt köstlich.

PRO PORTION:

4 G + 1 F + 2 E

1000 Joule
238 Kalorien
20 g Eiweiß
10 g Fett
13 g Kohlenhydrate
1,07 BE

GEMÜSEPLATTE MIT SPIEGELEI

ZUTATEN FÜR 2 PORTIONEN:

300 g Karotten, in Stifte oder Scheiben geschnitten
300 g Karfiol, in Röschen zerteilt
500 g Blattspinat, dicke Stiele entfernt
Streuwürze, Majoran, Muskatnuß
1 Knoblauchzehe, zerdrückt
2 TL Pflanzenmargarine
1 EL Petersilie, gehackt
2 Eier

Jedes der drei Gemüse in Alufolie einpacken, dabei die Päckchen oben offen lassen.
Alle drei Gemüse mit Streuwürze leicht würzen. Karotten mit Majoran, Karfiol mit Muskatnuß und den Spinat mit Knoblauch würzen. 1 TL Margarine auf die drei Gemüsepäckchen verteilen.
Die Päckchen in einen Kochtopf legen, gut zwei Finger hoch Wasser dazugeben und zugedeckt 20 Minuten dämpfen. Gemüse aus der Folie nehmen, Petersilie über Karotten und Karfiol streuen.
Restliche Margarine erhitzen, Spiegeleier darin braten und auf dem Spinat anrichten.

TIP: Kartoffelwürfel – ebenfalls in Folie gekocht – ergeben eine gute Beilage.

PRO PORTION:

5 1/2 G + 1 F + 1 E

1150 Joule
275 Kalorien
22 g Eiweiß
12 g Fett
13 g Kohlenhydrate
1,22 BE

Überbackener Chicorée, siehe Rezept Seite 64 ▶

GURKENSCHIFFCHEN

ZUTATEN FÜR 4 PORTIONEN:

1 Salatgurke
180 g Putenkrakauer oder Schinken, würfelig geschnitten
100 g Gewürzgurken, kleingeschnitten
1 kleiner Apfel, würfelig geschnitten
2 EL Mayonnaise, 50%
160 g Topfen, 10%
1/4 l Joghurt, bis 1%
Salz, Pfeffer, Basilikum

Salatgurke sehr gut waschen, beide Enden entfernen. 4 Scheiben abschneiden und zum Dekorieren verwenden. Gurke in der Mitte durchschneiden und der Länge nach halbieren. Das Gurkenfleisch herauslösen und würfelig schneiden.
Die übrigen Zutaten gut vermischen, würzen, das Gurkenfleisch dazugeben und in die Gurkenviertel füllen. Mit den Gurkenscheiben verzieren.

PRO PORTION:

1 G + 2 E + 40 K + 1 F

935 Joule
223 Kalorien
22 g Eiweiß
9 g Fett
8 g Kohlenhydrate
0,67 BE

KARFIOLGRATIN

ZUTATEN FÜR 4 PORTIONEN:

1 Karfiolrose
Salz
1 Prise Zucker
4 TL Pflanzenmargarine
2 TL Mehl
1/8 l Magermilch
Salz, Pfeffer
Muskatnuß, gerieben
1 Eidotter
120 g Emmentaler, gerieben

Karfiol putzen, waschen und in Salzwasser weich kochen, Zucker mitkochen, damit der Karfiol weiß bleibt. Aus dem Kochwasser nehmen, abkühlen lassen und auf einem Küchenpapier abtropfen lassen.
Margarine erhitzen, Mehl einrühren, mit Milch aufgießen und 5 Minuten schwach kochen lassen. Würzen, von der Platte nehmen und etwas abkühlen lassen. Eidotter und Käse mit dem Schneebesen einrühren.
Karfiol in eine feuerfeste Form stellen, mit der Sauce übergießen.
Im stark vorgeheizten Rohr oder im Griller gratinieren.

TIP: Schnecken, Raupen und dergleichen entfernt man, indem man die Karfiolrose 30 Minuten in lauwarmes Essigwasser legt.

PRO PORTION:

2–3 G + 1 F + 30 K + 1 1/2 E

1053 Joule
251 Kalorien
12 g Eiweiß
18 g Fett
6 g Kohlenhydrate
0,50 BE

KOHLSCHNITZEL

ZUTATEN FÜR 4 PORTIONEN:

1 kg Kohl
Salz, Pfeffer
2 1/2 EL Mehl
2 Eier
2 EL Pflanzenöl

Kohl putzen, waschen und in Salzwasser 10 Minuten kochen, aus dem Kochwasser nehmen und kalt abspülen.
8 große Blätter abtrennen und beiseite legen. Den restlichen Kohl zweimal durchschneiden, in das kochende Wasser zurückgeben und sehr weich kochen. Kohl abseihen und auskühlen lassen. Salzen und pfeffern, gut durchmischen und in 8 Portionen teilen. Die Portionen kräftig ausdrücken, Schnitzel formen und in die großen Kohlblätter einschlagen. Auf beiden Seiten bemehlen und in den versprudelten Eiern wenden.
Öl erhitzen, Kohlschnitzel einlegen und auf beiden Seiten je 5 Minuten braten. Vorsichtig wenden, damit die Schnitzel nicht zerfallen.

TIP: Dieses Gericht ist eine ideale Hauptmahlzeit mit wenig Eiweiß.
Kartoffelpüree paßt dazu sehr gut als Beilage.

PRO PORTION:

2 1/2 G + 20 K + 1/2 E + 1 1/2 F

938 Joule
224 Kalorien
16 g Eiweiß
13 g Fett
8 g Kohlenhydrate
0,67 BE

KRAUTAUFLAUF

ZUTATEN FÜR 4 PORTIONEN:

500 g Weißkraut
1 Zwiebel, feingehackt
1 EL Pflanzenöl
200 g Champignons, feingehackt
320 g Schweinefleisch, faschiert
Salz, Pfeffer, Majoran
1 Knoblauchzehe, zerdrückt
Petersilie, feingehackt
1 TL Pflanzenmargarine
1/4 l Rindsuppe (Würfel oder Extrakt)
2 EL Sauerrahm

Kraut putzen, waschen und in kochendem Salzwasser 8 Minuten überkochen, aus dem Kochwasser nehmen und kalt abspülen.
Blätter einzeln auseinandernehmen und gut abtropfen lassen. Zwiebel in heißem Öl glasig anlaufen lassen, Champignons mitdünsten, Faschiertes dazugeben, würzen, Petersilie dazumischen und kurz anrösten.
Eine Pfanne mit Margarine befetten, den Boden mit Krautblättern auslegen und abwechselnd mit einer Lage Fleischmasse, einer Lage Krautblätter füllen. Mit Krautblättern abschließen und mit Suppe aufgießen.
Im vorgeheizten Rohr bei 160° C 35 Minuten weich dünsten. Sauerrahm daraufstreichen und noch weitere 10 Minuten im Rohr fertig dünsten.

TIP: Dieses Gericht eignet sich sehr gut zum Einfrieren.

PRO PORTION:

2 G + 1 F + 2 E + 15 K

967 Joule
232 Kalorien
19 g Eiweiß
11 g Fett
7 g Kohlenhydrate
0,64 BE

MELANZANIAUFLAUF

ZUTATEN FÜR 2 PORTIONEN:

500 g Melanzani, in fingerdicke Scheiben geschnitten
4 TL Pflanzenmargarine
150 g Zwiebeln, feingehackt
120 g Schinken, in Scheiben geschnitten
60 g Käse, bis 45% F. i. Tr., gerieben
4 EL Sauerrahm
2 TL Ketchup
Salz, Pfeffer,
Cayennepfeffer, Majoran
Petersilie, gehackt

Melanzanischeiben leicht salzen und 1/2 Stunde ziehen lassen, danach auspressen. Auflaufform mit Fett ausstreichen. Restliches Fett in einer beschichteten Pfanne erhitzen, Melanzani nacheinander darin anbraten, herausnehmen und in die Auflaufform schichten.
Zwiebeln in der Pfanne bräunen und über die Melanzani geben. Schinkenscheiben halbieren, zusammenlegen und zwischen die Melanzanischeiben schieben.
Käse, Sauerrahm, Ketchup und Gewürze vermischen und auf das Gemüse streichen.
Im Rohr bei 200° C 30 Minuten überbacken. Petersilie darüberstreuen und servieren.

PRO PORTION:

3 G + 2 F + 3 1/2 E + 65 K

1985 Joule
474 Kalorien
25 g Eiweiß
30 g Fett
18 g Kohlenhydrate
1,44 BE

KRAUTSUPPE AUF SERBISCHE ART

ZUTATEN FÜR 4 PORTIONEN:

500 g Weißkraut, sehr fein geschnitten
2 TL Kümmel
4 TL Pflanzenöl
30 g Geselchtes, in kleine Würfel geschnitten
1 Zwiebel, feingehackt
1 Karotte, kleinwürfelig geschnitten
1 grüne Paprikaschote, kleinwürfelig geschnitten
1 Petersilienwurzel, kleinwürfelig geschnitten
1 TL Paprikapulver
1 TL Tomatenmark
1 Lorbeerblatt
1 Suppenwürfel
Salz, Pfeffer
210 g Frankfurter
4 EL Joghurt, bis 1%

Kraut mit heißem Kümmelwasser übergießen und ca. 3 Minuten ziehen lassen. Wasser abgießen.
Öl in einem Suppentopf heiß werden lassen, Geselchtes und Zwiebel kurz anrösten lassen, danach Gemüsewürfel dazugeben und mitrösten. Paprikapulver, Tomatenmark und Lorbeerblatt beigeben.
Mit Wasser aufgießen, Suppenwürfel und Weißkraut dazugeben, würzen und alles weich kochen.
Frankfurter einlegen und heiß werden lassen.
Suppe portionsweise anrichten und je 1 EL Joghurt obenauf geben.

PRO PORTION:

2 G + 20 K + 1 F + 2 E

1590 Joule
379 Kalorien
16 g Eiweiß
27 g Fett
10 g Kohlenhydrate
0,92 BE

MELANZANI - ZUCCHINI - PFANNE

ZUTATEN FÜR 2 PORTIONEN:

1 große Melanzane, in 1 cm dicke Scheiben geschnitten
3 Zucchini, in schräge Scheiben geschnitten
2 TL Pflanzenmargarine
Salz, Pfeffer, Oregano
120 g Schinken, in kleine Würfel geschnitten
Petersilie, gehackt
1 Tomate, geschält, würfelig geschnitten
Hühnerbouillon (Würfel oder Extrakt)

Melanzanischeiben in kochendes Salzwasser geben und 5 Minuten kochen, abseihen und erkalten lassen.
Zucchinischeiben in Salzwasser kurz überkochen, abseihen und ebenfalls erkalten lassen.
Eine Pfanne mit Margarine befetten, Melanzani- und Zucchinischeiben abwechselnd einschlichten und würzen.
Schinken mit Petersilie und Tomaten mischen und darübergeben.
Etwas Bouillon dazugießen und im Rohr bei 160° C dünsten.

PRO PORTION:

3 G + 1 F + 2 E

1056 Joule
252 Kalorien
16 g Eiweiß
14 g Fett
9 g Kohlenhydrate
0,72 BE

PAPRIKA MIT PASTETENFÜLLE

ZUTATEN FÜR 4 PORTIONEN:

120 g Weißbrot, würfelig geschnitten
1/4 l Magermilch
150 g Leberpastete
60 g Gorgonzola
4 EL Sauerrahm
1 Zwiebel, feingehackt
Petersilie, gehackt
Pfeffer, Streuwürze
12 EL Bouillon
4 Paprikaschoten (gelb, grün, rot), halbiert, entkernt
Dille

Brot in heißer Milch einweichen.
Nach 10 Minuten die Brotwürfel gut ausdrücken. Leberpastete, Gorgonzola, Sauerrahm, Zwiebel und Gewürze dazugeben und gut durchrühren.
Bouillon in eine feuerfeste Form gießen, Paprikaschoten hineinstellen und mit der Pastetenmasse füllen.
Im vorgeheizten Rohr bei 200° C 40 Minuten backen.
Mit frischer Dille garniert servieren.

PRO PORTION:

1 B + 50 K + 2 E + 1 G

1617 Joule
385 Kalorien
15 g Eiweiß
20 g Fett
27 g Kohlenhydrate
2,42 BE

ROHKOST MIT TOPFEN - DIPS

ZUTATEN FÜR 1 PORTION:

100 g Karfiol, in Röschen geteilt
100 g Karotten, in Stifte geschnitten
100 g Stangensellerie oder Fenchel, in Stäbchen geschnitten
150 g Salatgurke, in Stäbchen geschnitten
5 Radieschen, in Scheiben geschnitten

Dips:
160 g Topfen, 10%
2 EL Magermilch
1 TL Streuwürze
1 MSP Paprika
1/2 TL Kümmel
1 TL Ketchup
2 EL Schnittlauch, feingeschnitten
2 EL Petersilie, feingehackt

25 g Sesam-Knäckebrot

Das Gemüse hübsch auf einem Teller anrichten.
Topfen, Milch und Streuwürze zusammen glattrühren und in 2 Teile aufteilen. Den ersten Teil mit Paprika, Kümmel und Tomatenpüree vermischen. Den zweiten Teil mit Schnittlauch und Petersilie vermischen.
Dips in Schälchen anrichten, mit Rohkost und Knäckebrot servieren.

TIP: Das Gemüse kann je nach Geschmack und Jahreszeit abgewechselt werden.
Auch die Dips können auf verschiedene Arten gewürzt werden.
Statt Topfen kann auch Hüttenkäse verwendet werden.

PRO PORTION:

5 1/2 G + 2 E + 25 K + 1 B

1484 Joule
354 Kalorien
35 g Eiweiß
1 g Fett
37 g Kohlenhydrate
3,28 BE

ROHKOSTTELLER

ZUTATEN FÜR 4 PORTIONEN:

2 kleine Äpfel
1 mittelgroße Orange
100 g Ananas
1 Stangensellerie
2 Tomaten
120 g Schinken
2 EL Mayonnaise, 50%
4 EL Joghurt, bis 1%
$^1/_2$ EL Senf
Salz
1 MSP Currypulver
Saft von $^1/_2$ Zitrone
Salatblätter
4 kleine Oliven, in Scheiben geschnitten

Obst, Gemüse und Schinken würfelig bzw. in Scheiben schneiden.
Mayonnaise, Joghurt und Senf vermischen, mit Salz, Curry und Zitronensaft würzen und glattrühren. Die geschnittenen Zutaten beifügen und vermischen. Salatteller mit Blattsalat auslegen, Rohkostsalat darauf anrichten und mit Oliven garnieren.

PRO PORTION:

1 O + $^1/_2$ G + 1 E + 1 F + 10 K

789 Joule
190 Kalorien
8 g Eiweiß
10 g Fett
11 g Kohlenhydrate
1,03 BE

SALAT „NOSTRANO"

ZUTATEN FÜR 4 PORTIONEN:

1 Eisbergsalat
1 kleine Salatgurke
1 kleine Stangensellerie
1 Bund Radieschen
1 Zwiebel
1 Tomate
60 g Schinken, in Streifen geschnitten
120 g Brot, würfelig geschnitten
80 g Mozzarella, bis 45% F. i. Tr., in dünne Streifen geschnitten

Marinade:
2 EL Olivenöl
$1^1/_2$ EL Weinessig
2 Knoblauchzehen, feingehackt
Pfeffer, Salz, Salatkräuter

Salatblätter in mundgerechte Stücke zerpflücken.
Die geschälte Gurke der Länge nach halbieren, entkernen und in dünne Scheiben schneiden.
Sellerie, Radieschen und Zwiebel ebenfalls in feine Scheiben schneiden und Tomate achteln.
Alles mit Brotwürfeln und Schinkenstreifen vermischen.
Zutaten für die Marinade gut verrühren, über den Brotsalat gießen und nochmals sorgfältig mischen.
Zuletzt Mozzarella darauf verteilen.

PRO PORTION:

2 G + $1^1/_2$ E + 1 B + $1^1/_2$ F

1220 Joule
293 Kalorien
10 g Eiweiß
17 g Fett
19 g Kohlenhydrate
1,57 BE

SPARGELAUFLAUF

ZUTATEN FÜR 4 PORTIONEN:

1 kg Spargel
Salz
1 TL Zucker
240 g Schinken, in feine Streifen geschnitten
3 EL Sauerrahm
3 Eidotter
120 g Parmesan, gerieben
Salz, Muskatnuß
schwarzer Pfeffer, frisch gemahlen

Spargel in Salzwasser mit Zucker nicht zu weich kochen.
Aus dem Wasser nehmen und gut abtropfen lassen.
Spargel in eine breite Auflaufform schichten und den Schinken darüber verteilen.
Sauerrahm mit Eidotter und Parmesan verrühren und würzen. Diese Masse über die Spargel verteilen.
Im vorgeheizten Rohr bei 180° C ca. 20 Minuten überbakken.
Heiß servieren.

TIP: Salz- oder Bratkartoffeln sind eine ausgezeichnete Beilage.

PRO PORTION:

$2^1/_2$ G + 65 K + $3^1/_2$ E

1839 Joule
441 Kalorien
36 g Eiweiß
26 g Fett
7 g Kohlenhydrate
0,63 BE

SPINATROULADE

ZUTATEN FÜR 4 PORTIONEN:

Spinatroulade:
700 g Blattspinat, gewaschen, Stiele entfernt
4 Eier, getrennt
Muskatnuß, Meersalz, Pfeffer
2 TL Pflanzenöl

Füllung:
4 TL Pflanzenmargarine
1 große Karotte, in sehr kleine Stückchen geschnitten
3 EL Weizenmehl
1/4 l Magermilch
90 g Reibkäse, bis 45% F. i. Tr.
Salz, schwarzer Pfeffer, Muskatnuß

2 TL Pflanzenmargarine zum Befetten
30 g Reibkäse, bis 45% F. i. Tr., zum Bestreuen

Spinat über Dampf zusammenfallen lassen. Etwas auskühlen lassen, dann gut ausdrücken und fein hacken. Spinat mit Eidotter gut vermischen und mit Muskatnuß, Salz und Pfeffer würzen. Eiklar steif schlagen, vorsichtig unterziehen.
Backblech mit Back-Papier belegen, mit Öl bestreichen und die Spinatmasse darauf gleichmäßig verteilen. Bei 200° C ca. 15 Minuten backen.
In der Zwischenzeit Karotten in 2 TL Margarine weich dünsten (evtl. einige Tropfen Wasser dazugeben), dann weitere 2 TL Margarine beifügen, das Mehl darüberstreuen und mit der Milch ablöschen. Kochen, bis eine dicke Creme entstanden ist, Käse beifügen und würzen.
Diese Mischung auf den gebackenen Spinat streichen und durch Anheben des Back-Papiers zu einer Rolle formen. Die Rolle in eine feuerfeste, mit Margarine befettete Form geben. Mit Reibkäse bestreuen und 5 Minuten im heißen Rohr gratinieren.

TIP: Als Beilage schmecken dazu sehr gut grüner Salat und Petersilienkartoffeln.

PRO PORTION:

2 G + 2 1/2 E + 2 F + 45 K

1710 Joule
410 Kalorien
23 g Eiweiß
27 g Fett
15 g Kohlenhydrate
1,25 BE

SPARGEL MIT SCHINKEN UND KRABBEN

ZUTATEN FÜR 2 PORTIONEN:

450 g Spargel, gekocht oder aus dem Glas
90 g Schinken, in Streifen geschnitten
60 g Krabben
1 Ei, hartgekocht, gehackt
50 g Zwiebeln, feinwürfelig geschnitten
2 TL Pflanzenmargarine
Schnittlauch, feingeschnitten

Spargel wärmen, auf einem Teller anrichten und mit Schinken belegen.
Krabben, Ei und Zwiebeln in Margarine andünsten und über dem Schinken verteilen.
Mit Schnittlauch bestreut servieren.

TIP: Servieren Sie dazu Kartoffeln oder Vollkorntoast.

PRO PORTION:

2 1/2 G + 3 E + 1 F

1107 Joule
264 Kalorien
22 g Eiweiß
14 g Fett
5 g Kohlenhydrate
0,43 BE

ÜBERBACKENER CHICORÉE

ZUTATEN FÜR 1 PORTION:

2 Stück Chicorée, der Länge nach halbiert
60 g Schinken, in Scheiben geschnitten
1 TL Pflanzenmargarine
1/8 l Magermilch
1 TL Mehl
30 g Käse, bis 45% F. i. Tr., gerieben

Chicorée mit Schinken umwickeln und in eine mit 1/2 TL Margarine eingefettete Form schichten.
Aus Milch, Mehl und restlicher Margarine eine Bechamelsauce zubereiten und über den Chicorée gießen. Mit Käse bestreuen und im vorgeheizten Rohr bei 200° C Oberhitze überbacken.

PRO PORTION:

2 G + 3 1/2 E + 1 F + 1/2 M + 10 K

1642 Joule
392 Kalorien
26 g Eiweiß
23 g Fett
12 g Kohlenhydrate
1,02 BE

AUFLÄUFE, PIKANT

GEMÜSE - TOPFEN - AUFLAUF

ZUTATEN FÜR 4 PORTIONEN:

1 rote Paprikaschote, in kleine Stücke geschnitten
1/2 kleine grüne Pfefferonischote
150 g Zucchini, kleingeschnitten
150 g Karotten, kleingeschnitten
160 g Topfen, 10% oder 20%
2 Eier
1 EL Schnittlauch, feingeschnitten
einige Blätter frische Zitronenmelisse, kleingehackt
1 Knoblauchzehe, gepreßt
4 TL Sonnenblumenkerne, grobgehackt
Salz, Pfeffer
1 EL Zitronensaft
1 TL Pflanzenmargarine

Paprika, Pfefferoni, Zucchini und Karotten im Mixer so fein wie möglich pürieren.
Gemüse mit Topfen und Eiern gut vermischen. Kräuter, Kerne und Gewürze daruntermengen und die Masse in eine befettete Auflaufform einfüllen.
Im Rohr bei 220° C backen, bis die Masse fest ist.

TIP: Dieser Auflauf eignet sich auch recht gut als kalte Mahlzeit.

PRO PORTION:

1 G + 1 E + 30 K

654 Joule
156 Kalorien
11 g Eiweiß
7 g Fett
6 g Kohlenhydrate
0,60 BE

PIKANTER KÄSEAUFLAUF

ZUTATEN FÜR 2 PORTIONEN:

1 EL Pflanzenmargarine
2 1/2 EL Mehl
1/8 l Magermilch
2 Eier, getrennt
Paprikapulver
60 g Emmentaler, gerieben
1 TL Pflanzenmargarine
1 TL Weizenkleie
Schnittlauch, kleingeschnitten

Margarine schmelzen lassen, Mehl beifügen und glattrühren.
Mit Milch aufgießen. Unter Rühren kochen, bis die Masse dick wird und sich vom Pfannenrand löst. Von der Platte wegnehmen.
Eidotter, Paprikapulver und Käse unterrühren. Masse etwas auskühlen lassen und steifgeschlagenen Schnee unterziehen.
Auflaufform mit Margarine einfetten und mit Weizenkleie ausstreuen. Masse einfüllen und bei 180° C backen. Mit Schnittlauch bestreuen. Sofort servieren!

TIP: Dazu gedämpften Spinat oder eine Portion Salat reichen.

PRO PORTION:

2 F + 1/2 B + 25 K + 2 1/2 E

1570 Joule
375 Kalorien
19 g Eiweiß
24 g Fett
13 g Kohlenhydrate
1,20 BE

SCHINKEN - KÄSE - AUFLAUF

ZUTATEN FÜR 4 PORTIONEN:

360 g Weißbrot, würfelig geschnitten
1/2 l Magermilch
180 g Schinken, kleingeschnitten
4 TL Pflanzenöl
120 g Käse, bis 45% F. i. Tr., gerieben

Guß:
2 Eier
6 EL Sauerrahm
Pfeffer, Muskatnuß, etwas Salz
Petersilie, feingehackt

Brotwürfel mit heißer Milch übergießen und 15 Minuten stehen lassen.
Schinkenstücke in 2 TL Öl leicht anbraten.
Eine Auflaufform mit restlichem Öl befetten und die Hälfte des eingeweichten Brotes einfüllen. Schinken und die Hälfte des Käses darüber verteilen. Mit dem übrigen Brot bedecken und den restlichen Käse darüberstreuen.
Eier mit Sauerrahm, Gewürzen und Petersilie verquirlen und über den Auflauf gießen.
Im vorgeheizten Rohr bei 220° C ca. 40 Minuten backen.

PRO PORTION:

3 B + 1/2 M + 3 1/2 E + 1 F + 45 K

2768 Joule
662 Kalorien
34 g Eiweiß
28 g Fett
56 g Kohlenhydrate
4,66 BE

Pikanter Käseauflauf, siehe Rezept Seite 66 ▶

SCHWEIZER BROTAUFLAUF

ZUTATEN FÜR 2 PORTIONEN:

120 g Roggenbrot, in Scheiben geschnitten
3 EL Weißwein
120 g Raclette-Käse, in Scheiben geschnitten
2 Tomaten, in Scheiben geschnitten
Basilikum, Streuwürze, Paprikapulver und Pfeffer

Die halbe Menge der Brotscheiben in eine mittlere Auflaufform legen und mit Weißwein beträufeln.
Einige Käse- und Tomatenscheiben auf das Brot legen und mit Basilikum und Streuwürze würzen.
Mit den restlichen Brotscheiben bedecken und diese ebenfalls mit Wein beträufeln. Restliche Käse- und Tomatenscheiben darauf verteilen und im vorgeheizten Rohr bei 230° C 30 Minuten backen.
Vor dem Servieren mit Paprika und Pfeffer würzen.

PRO PORTION:

2 B + 25 K + 3 E + 1 G

1803 Joule
432 Kalorien
22 g Eiweiß
19 g Fett
31 g Kohlenhydrate
2,54 BE

TOPFENSOUFFLÉ „SURPRISE“

ZUTATEN FÜR 2 PORTIONEN:

300 g Magertopfen
2 EL Magermilch
2 Eier, getrennt
Salz, Paprikapulver
200 g Champignons, blättrig geschnitten
Streuwürze
1 EL Stärkemehl
2 EL Schnittlauch, feingeschnitten
1 TL Pflanzenöl

Topfen, Eidotter, Salz und Paprikapulver schaumig rühren.
Champignons dünsten, entstandene Flüssigkeit abgießen, leicht würzen und unter die Topfenmasse mischen. Stärkemehl und Schnittlauch darunterrühren, steifgeschlagenen Schnee unterziehen.
Auflaufform mit Öl einfetten, Masse einfüllen und bei 180° C 40 Minuten backen.
Sofort servieren!

PRO PORTION:

2 1/2 E + 20 K + 1 G + 1/2 F

1242 Joule
297 Kalorien
32 g Eiweiß
10 g Fett
12 g Kohlenhydrate
1,08 BE

WINZERAUFLAUF

ZUTATEN FÜR 4 PORTIONEN:

240 g Weißbrot, in 2 cm dicke Scheiben geschnitten
2 TL Pflanzenmargarine
6 EL Weißwein
160 g Schmelzkäse, bis 45% F. i. Tr., in Scheiben geschnitten

Guß:
2 Eier,
1/4 l Magermilch
Muskatnuß, Pfeffer, Streuwürze
Paprikapulver
Petersilie, feingehackt

Brotscheiben dachziegelartig in eine befettete Auflaufform schichten, mit Weißwein bepinseln und mit Schmelzkäse belegen.
Eier mit Milch und Gewürzen verquirlen und darübergießen.
Im vorgeheizten Rohr bei 210° C ca. 30 Minuten backen.
Mit Paprika und Petersilie bestreuen.

PRO PORTION:

2 B + 1/2 F + 45 K + 2 1/2 E

1665 Joule
397 Kalorien
17 g Eiweiß
14 g Fett
37 g Kohlenhydrate
3,14 BE

FISCH

BOURRIDE – PROVENCALISCHE SPEZIALITÄT

ZUTATEN FÜR 4 PORTIONEN:

2 EL Olivenöl
2 Knoblauchzehen, gepreßt
600 g Kabeljau, in 8 Stücke tranchiert, oder 480 g Kabeljaufilets, kalt abgespült, mit Küchenpapier trockengetupft

Gemüsesud: 1 Zwiebel, geviertelt
1 Lorbeerblatt
1 Zweig Thymian
2 Knoblauchzehen, geviertelt
1 kleine Karotte, in Stücke geschnitten
1 kleine Fenchelknolle, in Stücke geschnitten
1 Stück Sellerie, in Stücke geschnitten
1 l Wasser, 1/2 EL Salz
Pfeffer, frisch gemahlen

Sauce: 2 EL Mayonnaise, 50%
2 EL Fischsud, ausgekühlt
6 bis 8 Knoblauchzehen, gepreßt
etwas Salz
Pfeffer, frisch gemahlen
1 TL Zitronensaft

1 Bund Petersilie, gehackt
180 g Weißbrot, in 8 Scheiben geschnitten, getoastet

Öl mit Knoblauch mischen, den Fisch damit bestreichen und mindestens 1 Stunde kühl stellen.
Alle Zutaten für den Gemüsesud in eine große Pfanne geben, 1 l Wasser dazugießen, langsam zum Kochen bringen und dann 30 Minuten köcheln lassen. Sud mit Salz und Pfeffer würzen, Hitze reduzieren.
Fischstücke mit Küchenpapier trockentupfen, in den Sud legen und ca. 10 Minuten ziehen lassen.
Sauce eventuell mit ausgekühltem Gemüsesud verrühren, bis sie sämig ist, Petersilie beigeben.
Brotscheiben auf 4 Suppenteller verteilen, mit Fisch belegen und diesen mit der Sauce überziehen.
Gemüsesud abseihen und als Suppe separat dazu servieren.

TIP: Lieben Sie Knoblauch? Wenn ja, reiben Sie die getoasteten Brotscheiben mit Knoblauch ein.

PRO PORTION:

2 1/2 F + 3 E + 1/2 G + 1 1/2 B

1817 Joule
434 Kalorien
37 g Eiweiß
13 g Fett
33 g Kohlenhydrate
2,73 BE

CHINESISCHES FISCHGERICHT

ZUTATEN FÜR 4 PORTIONEN:

560 g Heilbuttfilets, in 2 bis 3 cm breite, fingerlange Stücke geschnitten
2 1/2 EL Mehl
2 Eier
1/2 TL Salz
Pfeffer
1/4 TL Cayennepfeffer
1 TL Sojasauce
9 EL Brösel
1 EL Sesamsamen
2 EL Pflanzenöl

Gemüse: 4 TL Pflanzenöl
1 bis 2 große Zwiebeln, in Ringe geschnitten
1 Chilischote, entkernt, in Streifen geschnitten
400 bis 500 g Brokkoli, in Röschen geteilt
6 getrocknete chinesische Pilze, eingeweicht, zerkleinert
300 g Sojasprossen
1 Stück Ingwer, geschält, feingehackt
2 Tomaten, geschält, geviertelt
1/2 TL Stärkemehl
2 EL Sherry
2 EL Sojasauce
2 TL Sesamöl
6 EL Hühnerbouillon
flüssiger Süßstoff

Fischstücke sparsam mit Mehl bestäuben, gut andrücken.
Eier, Salz, Pfeffer, Cayennepfeffer und Sojasauce in einem tiefen Teller verschlagen. Fisch mit einer Gabel darin wenden, abtropfen lassen.
Brösel mit Sesam vermischen. Fisch damit panieren, gut andrücken und abklopfen.
Öl erhitzen, Fischstücke darin hellbraun backen, danach auf ein mit Küchenpapier ausgelegtes Backblech legen und im vorgewärmten Rohr warm halten. Das Rohr einen Spalt offen lassen.
Gemüse:
Öl in einer Bratpfanne erhitzen, Zwiebeln und Chili unter ständigem Rühren rasch anbraten. Brokkoli, Pilze, Sojasprossen und Ingwer zugeben und unter Rühren 3 bis 4 Minuten braten. Tomaten zugeben.
Restliche Zutaten miteinander verrühren, zum Gemüse geben und bei geringer Hitze 4 bis 5 Minuten köcheln lassen.
Fisch auf dem Gemüse anrichten und sofort servieren.

TIP: Zuerst alles für das Gemüse vorbereiten, damit der Fisch knusprig bleibt.
Statt chinesischer Pilze können nach Belieben andere Pilze verwendet werden. Als Beilage paßt Reis dazu.
Wer „langsam essen“ möchte, sollte es mit Stäbchen versuchen.

PRO PORTION:

4 E + 1 B + 50 K + 3 F + 3 G

2462 Joule
588 Kalorien
50 g Eiweiß
25 g Fett
30 g Kohlenhydrate
2,57 BE

FISCHAUFLAUF MIT GRÜNEN ERBSEN

Zutaten für 2 Portionen:

240 g Seelachsfilets
Saft von 1/2 Zitrone
1/2 TL Salz
wenig Pfeffer
je 1 MSP Muskatnuß und Paprikapulver
2 TL Pflanzenmargarine
200 g Champignons, in Scheiben geschnitten
240 g Erbsen, tiefgekühlt

Weißweinsauce mit Kräutern:
6 EL trockener Weißwein
3 EL Gemüsebouillon
4 EL Sauerrahm
2 TL Pflanzenmargarine
1 EL Mehl
Salz, weißer Pfeffer
einige Tropfen Zitronensaft
1 EL gehackte Kräuter (z. B. Dille, Schnittlauch, Kerbel, Estragon)

4 TL Reibkäse

Fisch mit Zitronensaft beträufeln, ziehen lassen, dann trockentupfen.
Salz und Pfeffer, Muskatnuß und Paprikapulver vermischen, Fisch damit würzen.
Auflaufform mit 1 TL Margarine befetten und Fisch einlegen.
1 TL Margarine in einer Pfanne erhitzen, Champignons darin dämpfen, Erbsen beigeben und mitdämpfen, bis die entstandene Flüssigkeit eingekocht ist. Danach das Gemüse über den Fisch verteilen.
Sauce:
Wein und Bouillon bei starker Hitze bis zur Hälfte einkochen, Hitze reduzieren, Sauerrahm zugeben und aufkochen lassen.
Margarine und das Mehl mit einer Gabel gut vermischen, mit der Schneerute in die Flüssigkeit einrühren, 3 bis 4 Minuten köcheln lassen, bis die Sauce leicht sämig ist. Sauce würzen, Kräuter zugeben und über den Fisch verteilen.
Reibkäse darüberstreuen und im vorgeheizten Rohr bei 200° C 40 Minuten gratinieren.

Pro Portion:

3 E + 2 F + 1 G + 1 B + 140 K

2404 Joule
572 Kalorien
44 g Eiweiß
23 g Fett
28 g Kohlenhydrate
2,43 BE

FISCHAUFLAUF MIT SOMMERGEMÜSE

Zutaten für 4 Portionen:

440 g Seelachsfilets, tiefgekühlt
90 g Schinken, in Würfel geschnitten
Petersilie, feingehackt
2 Knoblauchzehen, gepreßt
2 bis 3 Zucchini, grobgeraspelt
1 Melanzane, in Würfel geschnitten
2 TL Pflanzenmargarine
20 g Reibkäse, bis 45% F. i. Tr.
Salz, Pfeffer, Paprikapulver
3 bis 4 Tomaten, in Scheiben geschnitten
1 EL Rosmarin und Oregano, feingehackt

Guß:
4 EL Sauerrahm
1 EL Stärkemehl
20 g Reibkäse, bis 45% F. i. Tr.
Cayennepfeffer, Salz, Muskatnuß

Fischfilets auf einer Platte auflegen und mit Zitronensaft beträufeln. Mit Klarsichtfolie abdecken und 1/2 Stunde antauen lassen, danach den Fisch mit Küchenpapier trockentupfen und in Scheiben schneiden.
Schinkenwürfel in der Bratpfanne kurz anbraten. Petersilie, Knoblauch, Zucchini und Melanzane dazugeben und so lange dünsten, bis die entstandene Flüssigkeit eingekocht ist. Dann in eine befettete, feuerfeste Auflaufform geben und mit Reibkäse bestreuen.
Salz, Pfeffer und Paprikapulver vermischen und den Fisch damit würzen. Abwechselnd Fisch- und Tomatenscheiben auf das Gemüse schichten. Rosmarin und Oregano darüberstreuen.
Sauerrahm glattrühren und mit Stärkemehl vermischen. Käse, Cayennepfeffer, Salz und Muskatnuß zum Sauerrahm geben und über den Fisch verteilen.
Im vorgeheizten Rohr bei 220° C 25 Minuten überbacken.

Tip: Nach Belieben 2 EL Ketchup oder etwas Tomatenpüree in den Guß geben.

Pro Portion:

4 E + 2 G + 1/2 F + 40 K

1273 Joule
306 Kalorien
34 g Eiweiß
11 g Fett
10 g Kohlenhydrate
0,80 BE

FISCH AUF DER PLATTE

ZUTATEN FÜR 1 PORTION:

80 g Fischfilet
Salz, Zitronensaft
30 g Geselchtes, würfelig geschnitten
100 g Karotten, kleingeschnitten
100 g Tomaten, in Scheiben geschnitten
50 g Zwiebeln, feingehackt
Paprikapulver

Fischfilet mit Salz und Zitrone würzen.
Geselchtes und Gemüse in eine feuerfeste Form geben, den Fisch darauflegen und mit Paprikapulver bestreuen. Im Rohr bei mittlerer Hitze ca. 30 Minuten braten.

TIP: Dazu passen Petersilienkartoffeln und Blattsalat.

PRO PORTION:

3 E + $2^1/_2$ G

1150 Joule
276 Kalorien
26 g Eiweiß
10 g Fett
12 g Kohlenhydrate
1,00 BE

FISCHBURGER

ZUTATEN FÜR 4 PORTIONEN:

400 g Fischfilets
1 EL Zitronensaft
150 g Weißbrot, ohne Rinde
2 dl Gemüsebouillon
1 Zwiebel, feingehackt
1 Knoblauchzehe, gepreßt
1 Bund Petersilie, gehackt
1 Bund Schnittlauch, geschnitten
etwas Dille, feingehackt
einige Basilikumblätter, feingehackt
250 g Sellerieknolle, feingeraspelt
2 Eier
1 TL Sojasauce
Salz, Pfeffer
$^1/_4$ TL Cayennepfeffer
3 EL Brösel
2 EL Pflanzenöl

Fisch mit Zitronensaft beträufeln und dann sehr fein hakken. Brot zerpflücken und mit heißer Bouillon übergießen. Fisch, Zwiebel, Knoblauch und Kräuter beigeben, zugedeckt stehen lassen, bis alle Flüssigkeit aufgesogen ist. Danach Sellerie dazumischen.
Eier mit Sojasauce gut verschlagen und zur Fisch-Brot-Masse geben. Die Masse mit Salz und Pfeffer würzen, 2 EL Brösel dazugeben und mit den Händen gut durchmischen. In 16 Portionen teilen und zu Burgern formen.
Burger in den restlichen Bröseln wenden, gut andrücken und in Öl bei mittlerer Hitze beidseitig je 4 bis 5 Minuten goldbraun braten.

TIP: Dazu passen Gemüse und Salate. Serviervorschlag für einen originellen Fischburger: Runde Brötchen aufschneiden, Fischburger mit Salatblättern, Tomatenscheiben und Ketchup dazwischen einlegen.

PRO PORTION:

3 E + $1^1/_2$ B +
ca. 1 G + $1^1/_2$ F

1679 Joule
400 Kalorien
30 g Eiweiß
12 g Fett
32 g Kohlenhydrate
2,72 BE

FISCHCURRY

ZUTATEN FÜR 2 PORTIONEN:

160 g Kabeljaufilets
160 g Dorsch, in Würfel geschnitten
$^1/_2$ EL Zitronensaft
Pfeffer
1 TL Pflanzenmargarine
1 Knoblauchzehe, gepreßt
1 kleine Zwiebel, gerieben
1 kleiner Apfel, gerieben
1 EL Curry
1 kleines Stück frischer Ingwer, feingehackt
4 TL Kokosflocken
2 Stück Datteln, entkernt, der Länge nach geviertelt
$^1/_8$ l Gemüsebouillon
2 EL Sauerrahm

Fisch mit Zitronensaft und Pfeffer würzen.
Margarine erwärmen. Knoblauch, Zwiebel und Apfel darin kurz dünsten. Curry, Ingwer und Kokosflocken beigeben und mitdünsten. Zuletzt Datteln zugeben.
Bouillon und Sauerrahm glattrühren, dazugießen, 10 Minuten köcheln lassen, Fisch zugeben und ca. 5 Minuten ziehen lassen.

PRO PORTION:

4 E + $^1/_2$ F + 1 O +
50 K

1175 Joule
282 Kalorien
32 g Eiweiß
6 g Fett
11 g Kohlenhydrate
1,10 BE

Fischspieße, siehe Rezept Seite 75 ▶

FISCHFILETS „FIORENTINA“

ZUTATEN FÜR 2 PORTIONEN:

280 g Heilbuttfilets
1 EL Zitronensaft
2 TL Pflanzenmargarine
240 g Kartoffeln, gekocht, geschält, in Scheiben geschnitten
6 EL Sauerrahm
Salz, Pfeffer
200 g Blattspinat, grobgehackt
80 g Hüttenkäse
1 EL Parmesan, gerieben
1 Knoblauchzehe, gepreßt
Salz, Muskatnuß, Pfeffer
1 EL Parmesan, gerieben

Fisch mit Zitronensaft beträufeln und kurz marinieren. Auflaufform mit Margarine befetten, die Hälfte der Kartoffelscheiben hineinlegen und Fisch darauf verteilen. Sauerrahm mit Salz und Pfeffer würzen und die Hälfte davon über den Fisch geben.
Spinat, Hüttenkäse, Parmesan, Knoblauch, Salz, Muskatnuß und Pfeffer mischen und mit den übrigen Kartoffelscheiben über den Fisch geben. Restlichen Rahm darübergießen, mit Parmesan bestreuen und im vorgeheizten Rohr bei 220° C 20 Minuten gratinieren.

PRO PORTION:

4 E + 1 F + 1 B + 120 K + 1 G

1888 Joule
451 Kalorien
48 g Eiweiß
13 g Fett
25 g Kohlenhydrate
2,09 BE

FISCHFILETS IM SPINATBETT MIT KÄSESAUCE

ZUTATEN FÜR 4 PORTIONEN:

1 kg Blattspinat
Salz, Pfeffer, Knoblauchpulver, Muskatnuß
4 Tomaten, enthäutet, in Scheiben geschnitten
100 g Lauch, in Ringe geschnitten
400 g Fischfilets
Zitronensaft

Sauce:
2 TL Pflanzenmargarine
1 EL Mehl
1/4 l Magermilch
80 g Käse, bis 45% F. i. Tr., gerieben

Spinat im heißen Wasser zusammenfallen lassen, abgießen und gut abtropfen lassen. Mit Salz, Pfeffer, Knoblauchpulver und Muskatnuß würzen und in eine Auflaufform geben. Tomaten und Lauch auf dem Spinat verteilen. Fisch salzen und mit Zitronensaft beträufeln, auf das Gemüse legen, mit Folie abdecken und im Rohr bei 200° C ca. 25 Minuten garen.
Sauce:
Fett erhitzen und Mehl darin anschwitzen, mit Milch löschen und 3 Minuten köcheln lassen. Käse beigeben und schmelzen lassen.
Käsesauce über das Gemuse gießen und 10 Minuten, nicht zugedeckt, im Rohr überbacken.

PRO PORTION:

4 G + 3 1/2 E + 1/2 F + 30 K

1297 Joule
310 Kalorien
39 g Eiweiß
9 g Fett
12 g Kohlenhydrate
0,97 BE

FISCHRAGOUT MIT NUDELN

ZUTATEN FÜR 2 PORTIONEN:

1/8 l Hühnerbouillon
200 g Seelachs, in große Würfel geschnitten
1/2 Bund Petersilie
Basilikum, Salbei, Thymian
1 Knoblauchzehe, gepreßt
1/8 l Joghurt, bis 1%
2 EL Sauerrahm
20 g Käse, bis 45% F. i. Tr., gerieben
etwas abgeriebene Zitronenschale, von unbehandelter Frucht
Salz, Pfeffer
240 g grüne Bandnudeln, gekocht

Bouillon aufkochen, Fisch beigeben, ca. 5 Minuten ziehen lassen (pochieren), abgetropft beiseite stellen.
Petersilie, Basilikum, Salbei, Thymian und Knoblauch mit 3 EL Pochierflüssigkeit pürieren. Joghurt und Sauerrahm vermischen und mit dem Kräuterpüree glattrühren. Sauce mit Käse, Zitronenschale, Salz und Pfeffer würzen, Fisch beigeben und erwärmen.
Nudeln anrichten und Fisch mit der Sauce darübergeben.

TIP: Heilbutt, Hai- oder Thunfisch eignen sich ebenfalls sehr gut für dieses Rezept.

PRO PORTION:

3 E + 55 K + 1 1/2 B

1145 Joule
274 Kalorien
29 g Eiweiß
5 g Fett
18 g Kohlenhydrate
1,67 BE

FISCHROULADEN

ZUTATEN FÜR 4 PORTIONEN:

400 g Scholle, in 12 Filets geschnitten
Saft von 1/2 Zitrone
180 g Schinken, in 12 Streifen geschnitten
6 schlanke Chicorée, längs halbiert
wenig Gemüsebouillon
1/2 TL Salz
Pfeffer

Guß:
6 EL Sauerrahm
2 TL Portwein
2 EL Hot Ketchup
Salz, Pfeffer

Fischfilets mit Zitronensaft beträufeln und kühl stellen.
Schinken in einer beschichteten Pfanne kurz anbraten.
Chicorée in kochende Bouillon einlegen und 3 bis 4 Minuten kochen lassen, herausnehmen, gut abtropfen lassen und zusätzlich mit Küchenpapier trockentupfen.
Fischfilets mit Salz und Pfeffer würzen, Chicorée darauf verteilen, Filets zusammenrollen, mit Schinken umwickeln und in eine feuerfeste Form legen.
Die Zutaten für den Guß gut verrühren und über die Fischrouladen gießen.
Im vorgeheizten Rohr bei 220° C 15 bis 20 Minuten gratinieren.

TIP: Anstelle von Scholle kann auch Rotzunge verwendet werden. Dicke Chicorée längs in 3 bis 4 Teile schneiden. Dazu passen Reis, Kartoffeln und Teigwaren.

PRO PORTION:

4 E + 1/2 G + 55 K

1177 Joule
283 Kalorien
33 g Eiweiß
10 g Fett
7 g Kohlenhydrate
0,56 BE

FISCHSPAGHETTI

ZUTATEN FÜR 2 PORTIONEN:

200 g Seelachs, in größere Würfel geschnitten
Saft von 1/2 Zitrone
2 TL Pflanzenöl
1 Zwiebel, feingehackt
1 Knoblauchzehe, feingehackt
1 EL Petersilie, gehackt
1 Karotte, feingeraspelt
1 Stück Sellerieknolle, würfelig geschnitten
1 Dose (ca. 200 g) Tomaten
3 EL Gemüsebouillon
90 g Muscheln, aus dem Glas
Salz, Pfeffer
240 g Spaghetti, gekocht

Fischwürfel mit Zitronensaft beträufeln, mit Pfeffer würzen und kühl stellen.
Öl in einer Pfanne erwärmen. Zwiebel, Knoblauch und Petersilie darin andünsten. Karotten und Sellerie beigeben und mitdünsten. Tomaten mit der Flüssigkeit zugeben, ebenso die Gemüsebouillon. Sauce bei geringer Hitze ca. 20 Minuten köcheln lassen.
Fischwürfel und abgetropfte Muscheln beigeben, mit Salz und Pfeffer würzen und zugedeckt 5 Minuten ziehen lassen.
Spaghetti anrichten, Fisch und Muscheln mit der Sauce anrichten.

PRO PORTION:

4 E + 1 F + 1 1/2 G + 1 1/2 B

2018 Joule
482 Kalorien
31 g Eiweiß
16 g Fett
43 g Kohlenhydrate
3,52 BE

FISCHSPIESSE

ZUTATEN FÜR 2 PORTIONEN:

Marinade:
2 TL Pflanzenöl
Saft von 1/2 Zitrone
1 Knoblauchzehe, gepreßt
4 Salbeiblätter, feingehackt
Pfeffer

240 g Fischfilets
Salz
1 kleine Zucchini, in Scheiben geschnitten
einige Cherry-Tomaten
Salbeiblätter
8 kleine schwarze Oliven, ohne Kern

Alle Zutaten für die Marinade gut verrühren. Fischfilets darin mindestens 1/2 Stunde zugedeckt im Kühlschrank marinieren.
Danach Filets salzen, in Stücke schneiden und zusammenrollen.
Fischröllchen, Zucchinischeiben, Tomaten, Salbeiblätter und Oliven abwechselnd auf Spieße stecken.
2 bis 4 Minuten auf jeder Seite grillen oder in der Pfanne braten.

PRO PORTION:

1 F + 3 E + 1/2 G + 20 K

1059 Joule
254 Kalorien
28 g Eiweiß
8 g Fett
10 g Kohlenhydrate
0,77 BE

GEMÜSE - FISCH

ZUTATEN FÜR 2 PORTIONEN:

300 g Blattspinat
Salz, Knoblauch, Pfeffer
1 TL Pflanzenmargarine
200 g Tomaten, enthäutet, würfelig geschnitten
240 g Fischfilets
Zitronensaft
4 TL Parmesan, gerieben

Blattspinat in Salzwasser kurz kochen, würzen und in eine befettete Auflaufform geben, Tomatenwürfel darauf verteilen.
Fisch mit Zitronensaft beträufeln und auf die Tomaten legen. Mit Parmesan bestreuen und im Rohr bei 200° C 15 bis 20 Minuten überbacken.
Sofort servieren.

TIP: Dazu passen ausgezeichnet Salzkartoffeln.

PRO PORTION:

$2^1/_2$ G + $^1/_2$ F + 3 E + 20 K

958 Joule
229 Kalorien
35 g Eiweiß
4 g Fett
5 g Kohlenhydrate
0,43 BE

GERÄUCHERTE FORELLEN-FILETS MIT ZUCCHINISAUCE

ZUTATEN FÜR 4 PORTIONEN:

600 g kleine Zucchini
$^1/_2$ l Gemüsebouillon (Würfel oder Extrakt)
Schale von $^1/_4$ Zitrone, gerieben, von unbehandelter Frucht
Salz, Pfeffer, Rosmarinpulver
1 Knoblauchzehe, gepreßt
4 EL Sauerrahm
Dille, gehackt
360 g geräucherte Forellenfilets

2 schlanke Zucchini zum Garnieren in Scheiben schneiden. Die restlichen Zucchini der Länge nach halbieren und in Stücke schneiden.
Gemüsebouillon aufkochen, die Zucchinischeiben darin 2 Minuten blanchieren, herausnehmen und warm stellen. Dann die Zucchinistücke in der Bouillon weich kochen, mit 3 EL Kochflüssigkeit pürieren und wieder erhitzen. Restliche Kochflüssigkeit beiseite stellen.
Die Sauce mit Zitronenschale, Salz, Pfeffer, Rosmarin und Knoblauch würzen, Sauerrahm beigeben, bei Bedarf mit Kochflüssigkeit verdünnen und heiß werden lassen.
Forellenfilets wärmen, auf Tellern anrichten, Zucchinischeiben schuppenartig auf die Filets legen und mit Dille garnieren. Zucchinisauce separat dazu servieren.

PRO PORTION:

$1^1/_2$ G + 30 K + 4 E

1190 Joule
285 Kalorien
40 g Eiweiß
7 g Fett
3 g Kohlenhydrate
0,38 BE

GOLDBARSCHFILETS AUF GEMÜSESTREIFEN

ZUTATEN FÜR 2 PORTIONEN:

je 100 g Karotten, Porree und Zucchini, geputzt, in sehr feine Streifen geschnitten
1 EL Kräuter (Petersilie, Thymian, Basilikum)
240 g Goldbarschfilets
Zitronensaft, Salz
4 TL Weißwein

Gemüse und Kräuter vermischen und auf ein Back-Papier legen. Fisch mit Zitronensaft, Salz und Wein marinieren und auf das Gemüse geben.
Papierrand zusammenfalten und mit Zahnstochern fixieren. Auf einen Teller legen und bei voller Leistung in der Mikrowelle ca. 5 Minuten garen.

TIP: Dieses Gericht läßt sich auch sehr gut im Rohr – bei großer Hitze – zubereiten.
Eine ausgezeichnete Beilage sind Salzkartoffeln: Kartoffeln schälen, in Würfel schneiden, in wenig Salzwasser zugedeckt bei voller Leistung ca. 6 Minuten garen. Zwei- bis dreimal umrühren.

PRO PORTION:

$1^1/_2$ G + 3 E + 10 K

785 Joule
186 Kalorien
29 g Eiweiß
3 g Fett
7 g Kohlenhydrate
0,50 BE

Kabeljau im Fenchelbett, siehe Rezept Seite 80 ▶

GERÄUCHERTES FORELLEN-FILET MIT KRENTOPFEN

ZUTATEN FÜR 1 PORTION:

90 g geräuchertes Forellenfilet
1 kleine Zwiebel, in feine Ringe geschnitten
2 dünne Zitronenscheiben
80 g Topfen, 10%
1 EL Joghurt, bis 1%
1 MSP Streuwürze
2 TL frischer Kren, gerieben
1 mittelgroße Tomate, ausgehöhlt
100 g Honigmelone, in Spalten geteilt, entkernt

Forellenfilet auf einem Teller anrichten, mit Zwiebelringen und Zitronenscheiben belegen.
Topfen, Joghurt und Streuwürze zusammen glattrühren, Kren daruntermischen, in die Tomate füllen und neben dem Fischfilet anrichten.
Melonenspalten dazu servieren.

TIP: Den Topfen mit Dille statt mit Kren würzen.
Selleriesalat, mit Joghurt und Zitronensaft zubereitet, ergibt eine köstliche Ergänzung, ebenso getoastetes Weißbrot.

PRO PORTION:

4 E + $1^1/_2$ G + 5 K + 1 O

1453 Joule
347 Kalorien
45 g Eiweiß
4 g Fett
21 g Kohlenhydrate
1,76 BE

GRATINIERTER FISCH „MIMOSA"

ZUTATEN FÜR 2 PORTIONEN:

200 g Rotzungenfilets
1 EL Zitronensaft
300 g Brokkoli, in Röschen geteilt
Salz
1 TL Pflanzenmargarine
Mimosa-Mischung:
120 g Vollkornbrot vom Vortag, feingehackt
1 TL „Provencal" Kräutermischung
2 Knoblauchzehen, gepreßt
1 Bund Petersilie, gehackt
3 EL Reibkäse
2 EL Brösel
Pfeffer, frisch gemahlen

60 g Sardellenfilets, aus der Dose, abgespült
1 TL Zitronensaft
1 Ei, hartgekocht, grobgehackt
Salz
1 EL Pflanzenmargarine, zerlassen

Fisch mit Zitronensaft beträufeln und ziehen lassen.
Brokkoli in Salzwasser aufkochen lassen, kurz blanchieren und abgetropft in einer befetteten Auflaufform verteilen.
Brot mit Kräutern, Knoblauch, Petersilie, Käse, Bröseln und Pfeffer vermischen.
Sardellen mit Zitronensaft beträufeln, zerdrücken und mit dem Ei zur Mischung geben.
Fischfilets salzen, auf das Gemüse legen, Mimosa-Mischung darübergeben und flüssige Margarine darauftäufeln.
Form mit Alufolie zudecken und im vorgeheizten Rohr auf der mittleren Einschubleiste bei 220° C ca. 15 Minuten gratinieren. Dann die Folie entfernen. Die Form 1 Leiste höher einschieben und noch 10 Minuten gratinieren.

PRO PORTION:

4 E + $1^1/_2$ G + 2 F + 2 B + 70 K

2347 Joule
558 Kalorien
43 g Eiweiß
17 g Fett
46 g Kohlenhydrate
3,85 BE

HECHT MIT PILZEN AUF REIS

ZUTATEN FÜR 4 PORTIONEN:

1 bis 2 EL Zitronensaft
4 TL Olivenöl
Pfeffer, frisch gemahlen
480 g Hecht, in Stücke geschnitten
1 TL Pflanzenmargarine
350 g Pilze (z. B. Steinpilze, Austernpilze, Champignons), halbiert oder geviertelt
3 Schalotten, in Ringe geschnitten
1 Bund Petersilie, gehackt
6 EL Gemüsebouillon
1 TL Zitronensaft
Salz
1 EL Olivenöl
320 g Reis, gekocht

Zitronensaft, Öl und Pfeffer mischen, Fischstücke damit bestreichen und 15 Minuten kühl stellen.
Margarine in einer Bratpfanne erhitzen, Pilze 2 bis 3 Minuten darin braten. Schalotten und Petersilie beigeben und dünsten.
Bouillon zugießen und 4 bis 5 Minuten köcheln lassen, mit Zitronensaft und Salz nachwürzen. Warm stellen.
1 EL Olivenöl in einer Bratpfanne erhitzen und die mit Küchenpapier getrockneten Fischstücke darin anbraten, Hitze reduzieren und zugedeckt 4 Minuten ziehen lassen.
Reis wärmen und auf flachen Tellern anrichten, Fischstücke darauflegen und Pilze darüber verteilen.

TIP: Reichen Sie dazu Blattsalat.
Anstelle von Reis passen auch Salzkartoffeln sehr gut dazu.

PRO PORTION:

2 F + 3 E + 1 G + 1 B

1537 Joule
368 Kalorien
31 g Eiweiß
10 g Fett
29 g Kohlenhydrate
2,46 BE

Rotzungenfilets in Teig mit Kräutersauce, siehe Rezept Seite 83 ▶

HAIFISCH - SPIESSE

ZUTATEN FÜR 4 PORTIONEN:

Marinade:
4 TL heller Honig
1 bis 2 EL Sojasauce
1 Stück Ingwer, geschält, feingehackt, oder 1/4 TL Ingwerpulver
2 Knoblauchzehen, gepreßt
1/4 TL Cayennepfeffer

480 g Haifisch, in große Würfel geschnitten
1 großer Kopfsalat
2 Bananen, in dicke Scheiben geschnitten
2 Zitronen, in Scheiben geschnitten, unbehandelte Früchte

Alle Zutaten für die Marinade gut vermischen. Fisch darin mindestens 1/2 Stunde zugedeckt im Kühlschrank marinieren. Salat in einzelne Blätter teilen, dicke Blattrippen herausschneiden und die Fischwürfel mit den Blättern umwickeln.
Fisch, Bananen- und Zitronenscheiben abwechselnd auf die Spieße stecken. 3 bis 4 Minuten auf jeder Seite grillen oder in der Bratpfanne braten.

TIP: Anstelle von Haifisch kann auch Heilbutt oder Thunfisch verwendet werden. Dazu passen ausgezeichnet Reis und Salate.

PRO PORTION:

20 K + 3 E + 1 O

1260 Joule
301 Kalorien
23 g Eiweiß
11 g Fett
18 g Kohlenhydrate
1,56 BE

KABELJAU IM FENCHELBETT

ZUTATEN FÜR 2 PORTIONEN:

2 TL Pflanzenmargarine
300 g Fenchel
1 Zwiebel, feingehackt
Streuwürze, Pfeffer, Paprikapulver
240 g Kabeljaufilets
3 EL Weißwein
3 EL Wasser

Eine feuerfeste Form mit 1 TL Margarine einfetten.
Beim Fenchel das Grün wegschneiden, fein hacken und beiseite stellen. Knollen halbieren und in Streifen schneiden, mit der Zwiebel vermischen und in die Form geben. Mit Streuwürze, Pfeffer und Paprikapulver würzen.
Kabeljaufilets mit den gleichen Gewürzen bestreuen und auf das Gemüse legen. Weißwein und Wasser dazugeben und restliche Margarine über den Fisch verteilen.
Mit Alufolie abdecken und im vorgeheizten Rohr bei 200° C ca. 30 Minuten schmoren.
Das gehackte Fenchelgrün darüberstreuen.

TIP: Statt mit Fenchel schmeckt dieses Gericht auch mit feingeschnittenem Lauch hervorragend.

PRO PORTION:

1 F + 2 G + 3 E + 20 K

1009 Joule
241 Kalorien
31 g Eiweiß
4 g Fett
9 g Kohlenhydrate
0,78 BE

KABELJAUFILETS AUF RATATOUILLE

ZUTATEN FÜR 4 PORTIONEN:

480 g Kabeljaufilets
1 EL Zitronensaft
Ratatouille:
2 TL Pflanzenmargarine
2 TL Olivenöl
1 Zwiebel, feingehackt
Petersilie, gehackt
6 Basilikumblätter, gehackt
1/2 TL Thymianblätter
2 Paprikaschoten, würfelig geschnitten
2 Zucchini, würfelig geschnitten
6 EL Bouillon
360 g Maiskörner, aus der Dose, abgetropft
Salz, Pfeffer

4 TL Pflanzenöl, Salz

Fischfilets mit Zitronensaft beträufeln und bis zur Zubereitung kühl stellen.
Margarine und Öl in einer Kasserolle erwärmen. Zwiebel mit Petersilie, Basilikum und Thymian darin andämpfen. Paprika beigeben und 2 bis 3 Minuten dämpfen, ebenso die Zucchini. Mit Bouillon aufgießen und zugedeckt ca. 5 Minuten köcheln lassen – das Gemüse soll noch knackig sein.
Maiskörner dazugeben und würzen. Das Gemüse warm halten. Öl in einer Bratpfanne erhitzen, marinierten Fisch salzen und auf beiden Seiten braun braten.

PRO PORTION:

3 E + 2 F + 1 1/2 G + 1 B

1279 Joule
305 Kalorien
30 g Eiweiß
12 g Fett
14 g Kohlenhydrate
1,18 BE

KARPFEN AUF SERBISCHE ART

ZUTATEN FÜR 4 PORTIONEN:

800 g Karpfenstücke
(oder 640 g Karpfenfilets)
Salz, Paprikapulver
2 EL Mehl
2 EL Pflanzenmargarine
2 Zwiebeln, feingeschnitten
100 g Champignons, feinblättrig geschnitten
3 EL Tomatenmark
Bouillon
4 Knoblauchzehen, zerdrückt
Salz
2 TL Pflanzenmargarine

Karpfenstücke salzen, mit Paprika einreiben, in Mehl wenden und in Margarine braten, herausnehmen und warm halten.
Im Bratenfett Zwiebeln und Champignons rösten, Tomatenmark zugeben, mit etwas Bouillon ablöschen und gar dünsten.
Knoblauch mit Salz zerdrücken, mit Margarine vermischen und auf den einzelnen Karpfenstücken verteilen.
Fisch mit dem Gemüse servieren.

TIP: Petersilienkartoffeln und Blattsalat vervollständigen diese Speise zu einer Festmahlzeit.

PRO PORTION:

4 E + 40 K + 2 F + 1/2 G

1431 Joule
343 Kalorien
39 g Eiweiß
13 g Fett
9 g Kohlenhydrate
0,82 BE

LACHSFORELLE MIT BASILIKUMSAUCE

ZUTATEN FÜR 4 PORTIONEN:

Sud:
1/4 l Weißwein
1/4 l Wasser
1 1/2 TL Salz
1 Zwiebel, geviertelt
1 Porree, in Stücke geschnitten
1 Karotte, in Stücke geschnitten
Petersilie
2 Lorbeerblätter
2 Zitronenscheiben

800 g Lachsforelle, küchenfertig
Salz
1 Zweig Thymian
1 Zweig Petersilie
3 Salbeiblätter
Basilikumsauce:
2 EL Weißwein
2 EL trockener Wermut
2 Eidotter
8 TL Pflanzenmargarine
Salz, Pfeffer, Zitronensaft
Basilikum, in Streifen geschnitten

Sud zum Kochen bringen, 10 Minuten köcheln lassen, dann in ein feuerfestes Geschirr geben.
Forelle innen und außen mit kaltem Wasser spülen und trockentupfen. Den Fisch innen salzen, mit Thymian, Petersilie und Salbei füllen, in den Sud legen, mit Alufolie zudecken und im vorgeheizten Rohr bei 180° C 25 bis 30 Minuten garen.
Basilikumsauce: Wein, Wermut und Eidotter im nicht zu heißen Wasserbad schaumig schlagen. Margarine portionsweise darunterschlagen, dann weiterrühren, bis die Sauce cremig wird. Aus dem Wasserbad nehmen und kurz weiterrühren. Sauce mit Salz, Pfeffer und Zitronensaft würzen, Basilikumstreifen beigeben und in vorgewärmter Saucier anrichten.
Forelle zerlegen und sofort auf vorgewärmten Tellern anrichten. Sauce separat dazu servieren.

TIP: Dazu passen Petersilienkartoffeln und Salate.

PRO PORTION:

4 E + 50 K + 2 F

2019 Joule
481 Kalorien
48 g Eiweiß
20 g Fett
5 g Kohlenhydrate
0,42 BE

PANIERTE SCHOLLENFILETS

ZUTATEN FÜR 4 PORTIONEN:

480 g Schollenfilets
Saft von 1 Zitrone
5 EL Mehl
2 Eier
Salz, weißer Pfeffer
1 MSP Cayennepfeffer
40 g Reibkäse, bis 45% F. i. Tr.
6 EL Brösel
8 TL Pflanzenmargarine

Schollenfilets mit Zitronensaft beträufeln, einige Zeit kühl stellen und vor der Zubereitung mit Küchenpapier trockentupfen.
Fisch in Mehl wenden, mit Ei und Bröseln panieren.
Margarine in einer Bratpfanne erhitzen und Fischfilets bei mittlerer Hitze beidseitig je 2 bis 3 Minuten hellbraun backen.

TIP: Sofort servieren, solange die Panier noch knusprig ist.
Varianten zur Panier: nur Brösel oder nur Käse.
Salzkartoffeln, Salate und Gemüse passen ausgezeichnet dazu.

PRO PORTION:

4 E + 1 B + 2 F

1792 Joule
427 Kalorien
35 g Eiweiß
15 g Fett
27 g Kohlenhydrate
2,28 BE

QUICHE MARITIME

ZUTATEN FÜR 4 PORTIONEN:

400 g Schollenfilets, der Länge nach halbiert
120 g Krabben, gekocht
Saft von 1/2 Zitrone
600 g Blattspinat, tiefgekühlt
2 TL Pflanzenmargarine
2 Schalotten, feingehackt
1 Knoblauchzehe, gepreßt
1/2 TL Salz

Teig:
10 EL Mehl
6 TL Pflanzenmargarine
1/2 TL Salz
1 TL Essig
4 bis 5 EL Wasser

Guß:
2 Eier
8 EL Sauerrahm
Salz, Pfeffer
1 MSP Muskatnuß
1/2 TL Curry

Scholle und Krabben mit Zitronensaft beträufeln und zugedeckt kühl stellen.
Blattspinat antauen lassen und in erwärmter Margarine mit den Schalotten und dem Knoblauch so lange dämpfen, bis alle Flüssigkeit eingekocht ist. Mit Salz würzen und auskühlen lassen.
Teig: Aus den angegebenen Zutaten auf einem Backblech mit kühlen Händen rasch einen Teig kneten. Den Boden einer Springform (Ø 26 cm) mit Back-Papier auslegen und mit dem Teig belegen. Teigboden einige Male mit der Gabel einstechen.
Den Reibkäse auf den Teigboden streuen, Spinat darüber verteilen und auf der untersten Einschubleiste im Rohr bei 220° C 15 Minuten vorbacken.
Quiche herausnehmen, Fischröllchen und Krabben darauf verteilen, leicht in den Spinat drücken.
Guß: Alle Zutaten gut versprudeln, auf die Quiche gießen und nochmals im vorgeheizten Rohr bei 220° C 15 bis 20 Minuten fertig backen.

PRO PORTION:

4 E + 1 1/2 G + 2 F + 1 B + 60 K

1790 Joule
427 Kalorien
41 g Eiweiß
14 g Fett
26 g Kohlenhydrate
2,20 BE

REIS MIT MEERESFRÜCHTEN

ZUTATEN FÜR 2 PORTIONEN:

3/8 l Gemüsebouillon (Würfel oder Extrakt)
1/2 EL Curry
100 g Reis
1 Fenchelknolle, in schmale Streifen geschnitten
240 g Meeresfrüchte, tiefgekühlt, angetaut
Salz, Pfeffer
2 TL Pflanzenmargarine

Bouillon mit Curry aufkochen, Reis beigeben und 15 Minuten zugedeckt köcheln lassen.
Fenchel beigeben und weitere 15 Minuten köcheln lassen, dann die Meeresfrüchte dazugeben und noch einmal 15 Minuten weiterköcheln lassen – Gesamtkochzeit ca. 45 Minuten. Mit Salz und Pfeffer nachwürzen und vor dem Servieren die Margarine daruntermischen.

TIP: Anstelle einer Meeresfrüchtemischung können Sie auch nur tiefgekühlte Krabben verwenden. Diese werden, angetaut und ohne zu kochen, 5 Minuten vor Ende der Garzeit auf dem Reis erwärmt.

PRO PORTION:

2 B + 1/2 G + 3 E + 1 F

1113 Joule
266 Kalorien
25 g Eiweiß
6 g Fett
21 g Kohlenhydrate
1,78 BE

ROTZUNGENRÖLLCHEN „À LA PROVENCALE“

ZUTATEN FÜR 4 PORTIONEN:

560 g Rotzungenfilets
Saft von 1/2 Zitrone
Salz, weißer Pfeffer
1 Zwiebel, feingehackt
2 TL Pflanzenmargarine
250 g Champignons, geviertelt
200 g Tomaten, würfelig geschnitten
Salz, Pfeffer, Oregano
1 Bund Petersilie, gehackt
6 bis 8 Basilikumblätter, gehackt
2 Knoblauchzehen, gepreßt
3 EL Brösel
40 g Reibkäse, bis 45% F. i. Tr.
2 TL Pflanzenmargarine
2 TL Olivenöl

Fischfilets mit Zitronensaft, Salz und Pfeffer würzen, Zwiebel darauf verteilen und aufrollen.
Auflaufform mit Margarine befetten, Champignons und Tomaten darin verteilen. Fischröllchen mit Salz, Pfeffer und Oregano würzen und leicht ins Gemüse drücken.
Petersilie, Basilikum, Knoblauch, Brösel und Käse vermischen, über die Fischröllchen verteilen. Margarine darüber verteilen und Öl daraufträufeln.
Im vorgeheizten Rohr bei 220° C 20 Minuten braten.

TIP: Statt Champignons passen auch kernig gekochte Brokkoliröschen.

PRO PORTION:

4 E + 1 G + 1 1/2 F + 20 K

1363 Joule
328 Kalorien
34 g Eiweiß
11 g Fett
15 g Kohlenhydrate
1,20 BE

SCHOLLENFILETS MIT PAPRIKAPÜREES

ZUTATEN FÜR 4 PORTIONEN:

480 g Schollenfilets, in ca. 3 cm breite Streifen geschnitten
1 EL Zitronensaft

rotes Paprikapüree:
2 kleine rote Paprikaschoten, halbiert, entkernt
1 kleine Tomate, halbiert, entkernt
1 Schalotte, geviertelt
wenig Salz und Cayennepfeffer
2 TL Pflanzenmargarine

gelbes Paprikapüree:
2 kleine gelbe Paprikaschoten, halbiert, entkernt, in Stücke geschnitten
1 EL trockener Weißwein
1 Prise Zucker
weißer Pfeffer

1 1/2 TL Pflanzenmargarine
Salzwasser
1/2 TL Pflanzenmargarine

Fischfilets mit Zitronensaft beträufeln und kühl stellen.
Rotes Paprikapüree: Einen halben Paprika in kleine Würfel schneiden und beiseite stellen. Restliche Paprika und die Tomate in Stücke schneiden, mit der Schalotte pürieren, durch ein Sieb streichen und 2 bis 3 Minuten köcheln lassen, mit Salz und Cayennepfeffer würzen. Die Margarine unter Rühren mit dem Schneebesen beigeben, nicht mehr aufkochen, warm stellen.
Gelbes Paprikapüree: Paprika mit Wein pürieren und durch ein Sieb streichen. Püree mit Zucker und Pfeffer würzen, Margarine beigeben und fertig zubereiten wie oben.
So viel Salzwasser in eine Kasserolle füllen, daß es nachher nicht durchs Dämpfkörbchen dringt, und zum Kochen bringen. Fisch im gefetteten Körbchen verteilen, dann in die Kasserolle stellen, Hitze reduzieren. Fisch zugedeckt, ohne zu wenden, im Dampf 2 bis 3 Minuten garen.
Die beiden Pürees auf vorgewärmten Tellern anrichten, Fischstreifen darauf verteilen, mit den Paprikawürfeln und farbigem Pfeffer aus der Mühle bestreuen.

TIP: Anstelle von Scholle eignet sich auch Zander sehr gut. Als Beilage dazu passen Wildreis, Salzkartoffeln und feine Nudeln.

PRO PORTION:

3 E + 1/2 G + 1 F + 5 K

867 Joule
208 Kalorien
27 g Eiweiß
3 g Fett
10 g Kohlenhydrate
0,82 BE

ROTZUNGENFILETS IN TEIG MIT KRÄUTERSAUCE

ZUTATEN FÜR 4 PORTIONEN:

Füllung:
60 g Krabben
160 g Hüttenkäse
3 EL Sauerrahm
1 EL trockener Wermut
1 Bund Petersilie, gehackt
1/2 TL Zitronensaft
1 MSP Cayennepfeffer
1/2 TL Salz

120 g Strudelteig
4 TL scharfer Senf
16 große Basilikumblätter
480 g Rotzunge, in 8 Filets geschnitten
Salz, Pfeffer
1 Eidotter, mit Wasser verdünnt

Kräutersauce:
2 Eidotter
3 EL Weißwein
6 EL Gemüsebouillon
2 EL trockener Wermut
2 EL feingehackte Kräuter (Petersilie, Basilikum, Kerbel, Dille)
2 bis 3 Tropfen Zitronensaft
wenig Salz und weißer Pfeffer

Krabben im Plastikbeutel 20 Minuten tiefkühlen. Anschließend mit den übrigen Zutaten für die Füllung pürieren, kühl stellen.
Strudelteig in 4 gleichmäßige Rechtecke schneiden, mit Senf bestreichen und mit den Basilikumblättern belegen. 4 Fischfilets darauflegen, die dünneren Enden umlegen. Die Füllung darauf verteilen, restliche Filets darüberlegen und mit Salz und Pfeffer würzen. Teig über den Filets zusammenschlagen. Fischpäckchen auf ein mit Back-Papier ausgelegtes Backblech legen. Den Eidotter verrühren, Fischpäckchen damit bestreichen und auf der untersten Einschubleiste im vorgeheizten Rohr bei 220° C ca. 20 Minuten backen. Dann im ausgeschalteten, leicht geöffneten Rohr kurz stehen lassen.
Kräutersauce: Eidotter, Wein, Bouillon und Wermut gut verrühren und im nicht zu heißen Wasserbad zu festem Schaum schlagen. Dann aus dem Wasserbad nehmen, Kräuter daruntermischen, nachwürzen.
Fischpäckchen auf vorgewärmten Tellern anrichten und die Sauce dazu servieren.

TIP: Dazu reichen Sie Salat und Gemüse.

PRO PORTION:

4 E + 100 K + 1 B

2366 Joule
565 Kalorien
43 g Eiweiß
26 g Fett
22 g Kohlenhydrate
1,99 BE

ROTZUNGENFILETS MIT CURRYSAUCE

ZUTATEN FÜR 4 PORTIONEN:

480 g Rotzungenfilets, tiefgekühlt
Saft von 1 Zitrone

Reis:
1/8 l Gemüsebouillon (Würfel oder Extrakt)
150 g Langkornreis
180 g Mais, aus der Dose

Currysauce:
4 TL Pflanzenmargarine
4 TL Mehl
1 bis 2 EL Curry
1/4 l Magermilch
Salz, Pfeffer

4 TL Mehl
4 TL Pflanzenöl
2 kleine Birnen, ungeschält, in dünne Scheiben geschnitten
1/8 l Wasser
Saft von 1/2 Zitrone
flüssiger Süßstoff
2 Kiwis, geschält, in Scheiben geschnitten

Fischfilets auf einer Platte ausbreiten, mit Zitronensaft beträufeln und mit Klarsichtfolie bedecken, antauen lassen.
Reis: Bouillon zum Kochen bringen, Reis beigeben und bei geringer Hitze ca. 15 Minuten kochen. Gut abgetropfte Maiskörner beigeben und nur heiß werden lassen.
Currysauce: Margarine in einer Pfanne erhitzen, Mehl beigeben und kurz dünsten. Curry daruntermischen. Mit Milch aufgießen und unter Rühren mit der Schneerute aufkochen lassen, dann 5 bis 10 Minuten köcheln lassen. Sauce mit Salz und Pfeffer würzen.
Fischfilets mit Küchenpapier trockentupfen, mit Salz würzen und mit Mehl sparsam bestäuben. Dann in heißem Öl kurz hellbraun braten.
In der Zwischenzeit Birnen in gesüßtem Zitronenwasser kernig weich dünsten.
Fischfilets auf dem Reis anrichten und mit Birnen und Kiwis garnieren. Die Sauce separat dazu servieren.

PRO PORTION:

3 E + 2 B + 2 F + 40 K + 1 O

1601 Joule
382 Kalorien
29 g Eiweiß
10 g Fett
34 g Kohlenhydrate
2,79 BE

ZANDERFILETS MIT SAFRANSAUCE

ZUTATEN FÜR 4 PORTIONEN:

1/2 l Gemüsebouillon
400 g Porree, nur zarte Teile, in 4 cm lange, feine Längsstreifen geschnitten
6 EL Gemüsekochflüssigkeit
2 dl trockener Weißwein
Salz, Pfeffer
1 Schalotte, feingehackt
480 g Zanderfilets, quer halbiert

Safransauce:
abgeseihte Pochierflüssigkeit
2 EL trockener Wermut
1 MSP Safranpulver
5 EL Sauerrahm
etwas Salz und Pfeffer

Gemüsebouillon aufkochen lassen, Porreestreifen ca. 5 Minuten darin kernig weich kochen, herausnehmen, abtropfen und zugedeckt warm stellen.
Gemüsekochflüssigkeit, Wein, Salz, Pfeffer, und Schalotten in einer Bratpfanne aufkochen lassen, Pfanne von der Platte nehmen, Hitze reduzieren. Fischfilets in die Flüssigkeit legen, zugedeckt je nach Dicke der Filets 5 bis 7 Minuten knapp unter dem Siedepunkt ziehen lassen (pochieren). Filets herausnehmen und zugedeckt warm stellen. Die Pochierflüssigkeit abseihen und aufbewahren.
Safransauce: Pochierflüssigkeit und Wermut in derselben Pfanne aufkochen, dann bis auf ca. 4 EL einkochen lassen. Safran und Sauerrahm zugeben, unter Rühren erhitzen, aber nicht mehr kochen lassen. Eventuell mit Salz und Pfeffer nachwürzen.
Porree ohne Flüssigkeit auf vorgewärmten Tellern anrichten. Fischfilets darauflegen, Sauce darübergießen. Nach Belieben mit rohen Lauchstreifen garnieren.

TIP: Dünne Filet-Enden beim Pochieren etwas überschlagen, damit die Filets gleichmäßig garen.
Dazu passen Reis, dünne Nudeln oder Salzkartoffeln.

PRO PORTION:

1 G + 100 K + 3 E

1028 Joule
247 Kalorien
30 g Eiweiß
3 g Fett
8 g Kohlenhydrate
0,69 BE

Zanderfilets mit Kürbissauce, siehe Rezept Seite 86 ▶

ORIENTALISCHES HUHN

ZUTATEN FÜR 2 PORTIONEN:

1 EL Mehl
1/2 TL Streuwürze
1 TL Currypulver
300 g Hühnerkeulen, enthäutet
(oder 240 g Hühnerfilets)
2 TL Pflanzenöl
1/8 l Hühnerbouillon
2 TL Stärkemehl
1–2 TL Currypulver
1 EL Sauerrahm
2 TL Pflanzenmargarine
1/2 Banane, längs halbiert
100 g Ananas, in Stücke geschnitten

Mehl, Streuwürze und Currypulver vermischen. Huhn darin wenden, in heißem Öl rundum anbraten. Bouillon zugießen und 30 Minuten zugedeckt schmoren lassen.
Stärkemehl, Curry und Sauerrahm verrühren, zum Huhn gießen und aufkochen lassen.
Margarine erhitzen, Bananen und Ananas darin leicht anbraten und das angerichtete Huhn damit garnieren.

TIP: Servieren Sie dazu Langkornreis.

PRO PORTION:

40 K + 3 E + 2 F + 1 O

1602 Joule
382 Kalorien
33 g Eiweiß
15 g Fett
21 g Kohlenhydrate
1,83 BE

PUTENGESCHNETZELTES MIT CHAMPIGNONSAUCE

ZUTATEN FÜR 4 PORTIONEN:

1 kleine Zwiebel, feingehackt
1 TL Pflanzenmargarine
400 g Champignons, in Stücke geschnitten
1 Tomate, geschält, entkernt, kleingeschnitten
1/4 l Hühnerbouillon
8 TL Sauerrahm
1 Knoblauchzehe, gepreßt
Salz, Pfeffer
1/2 TL Salbeiblätter, gehackt
480 g Putenbrust, in Stücke geschnitten
1 EL Pflanzenöl

Zwiebel in der Margarine goldgelb dünsten. Champignons und Tomate zufügen und einige Minuten dünsten. Mit Bouillon aufgießen und weich kochen.
Wenn die Bouillon etwa auf die Hälfte reduziert ist, den Sauerrahm einrühren und weiterkochen, bis die Sauce sämig ist. Mit Knoblauch, Salz und Pfeffer würzen. Die Salbeiblätter hineingeben und warm halten.
Das Geschnetzelte mit Salz und Pfeffer würzen, in heißem Öl 2 bis 3 Minuten anbraten und zur Sauce geben.

TIP: Als Beilagen eignen sich sehr gut Teigwaren und grüner Salat.

PRO PORTION:

1 F + 1 G + 20 K + 3 E

983 Joule
235 Kalorien
32 g Eiweiß
7 g Fett
4 g Kohlenhydrate
0,35 BE

TRUTHAHNSTEAKS MIT BANANENSCHEIBEN

ZUTATEN FÜR 2 PORTIONEN:

320 g Truthahnsteaks (2 Scheiben)
Salz, weißer Pfeffer
4 TL Pflanzenmargarine
1 Banane, in schräge, 1/2 cm dicke Scheiben geschnitten
Petersilie, gehackt

Truthahnsteaks leicht klopfen, salzen und pfeffern.
Margarine in einer Pfanne erhitzen, Steaks einlegen und auf beiden Seiten goldbraun braten. Auf eine Platte legen und warm stellen.
Bananenscheiben im Bratenfond auf beiden Seiten anbraten. Mit Petersilie bestreuen und auf den Truthahnsteaks verteilen.

TIP: Als Beilagen schmecken Blattsalat, Erbsen und Mais vorzüglich.

PRO PORTION:

4 E + 2 F + 1 O

1363 Joule
325 Kalorien
40 g Eiweiß
10 g Fett
13 g Kohlenhydrate
1,05 BE

KALBFLEISCH

KALBFLEISCHRÖLLCHEN AUF SPINAT

ZUTATEN FÜR 2 PORTIONEN:

2 Eier
120 g Kalbfleisch (2 dünngeschnittene Schnitzel)
Salz, Paprikapulver
2 Salbeiblätter
2 TL Pflanzenöl
2 TL Pflanzenmargarine
1/2 Zwiebel, feingehackt
500 g Blattspinat
Salz, Pfeffer
etwas Muskatnuß

Eier 6 Minuten kochen, kalt abschrecken und schälen. Schnitzel mit Salz und Paprika würzen, je ein Salbeiblatt darauflegen. Je ein Schnitzel um ein Ei wickeln und mit einem Faden fixieren.
Öl erhitzen und die Kalbfleischröllchen darin 4 bis 5 Minuten rundherum braten.
Margarine zergehen lassen, Zwiebel darin goldgelb rösten. Spinat dazugeben, dämpfen, bis er in sich zusammenfällt, und danach würzen.
Die Fäden von den Fleischröllchen entfernen, diese quer halbieren und auf dem Spinat anrichten.

TIP: Dieses Gericht läßt sich auch sehr gut mit Tiefkühlspinat zubereiten.

PRO PORTION:

2 1/2 E + 2 F + 2 1/2 G

1430 Joule
342 Kalorien
28 g Eiweiß
21 g Fett
4 g Kohlenhydrate
0,41 BE

KALBSFILET MIT BUNTER GEMÜSEGARNITUR

ZUTATEN FÜR 2 PORTIONEN:

2 Karotten, würfelig geschnitten
120 g Erbsen, tiefgekühlt
1 EL Pflanzenmargarine
1 kleine Zwiebel, würfelig geschnitten
150 g Champignons, in Achtel geteilt
60 g Schinken, würfelig geschnitten
Petersilie, gehackt
240 g Kalbsfilet, in 2 Scheiben geschnitten
2 EL Mehl
etwas Bouillon
100 g Spargelspitzen (aus dem Glas)

Karotten und Erbsen in Salzwasser weich kochen, abseihen und gut abtropfen lassen.
1 TL Margarine in einer Pfanne erhitzen und die Zwiebel darin goldgelb anlaufen lassen. Champignons dazugeben und dünsten, bis die Flüssigkeit verdunstet ist.
Schinken, Karotten und Erbsen dazugeben, salzen, gut durchmischen und warm halten.
Filets leicht klopfen, salzen und auf einer Seite bemehlen.
Restliche Margarine erhitzen und Filets darin auf beiden Seiten braun abbraten.
Gemüsegarnitur auf 2 Tellern anrichten und Filets darauflegen.
Den Bratenfond vom Fleisch mit etwas Bouillon aufgießen und über die Filets gießen.
Mit Spargelspitzen garniert servieren.

PRO PORTION:

2 G + 1/2 B + 1 1/2 F + 4 E + 30 K

1850 Joule
441 Kalorien
42 g Eiweiß
16 g Fett
23 g Kohlenhydrate
1,89 BE

KALBSSTEAKS AUF MEXIKANISCHE ART

ZUTATEN FÜR 2 PORTIONEN:

240 g Kalbssteaks (2 Scheiben)
Salz, Pfeffer, Paprikapulver
1 EL Pflanzenöl
150 g Paprikaschoten (grün, rot, gelb), in Streifen geschnitten
1/2 Zwiebel, feingehackt
1 Knoblauchzehe, gepreßt
90 g Maiskörner (aus dem Glas oder aus der Dose)
1 EL Petersilie, gehackt
je 1 Prise Streuwürze, Cayenne-Pfeffer oder Paprikapulver

Fleisch würzen, mit 2 TL Öl bepinseln und auf jeder Seite 2 bis 3 Minuten grillen.
Zwiebel und Paprika im restlichen Öl dünsten, Knoblauch und Mais dazugeben. Würzen, alles gut vermischen und über die Steaks verteilen.

TIP: „Champignon-Reis“ (Rezept Seite 45) und „Tomatensalat mit Oregano“ (Rezept Seite 138) sind ausgezeichnete Beilagen.

PRO PORTION:

3 E + 1 1/2 F + 1 G + 1/2 B

1452 Joule
347 Kalorien
26 g Eiweiß
16 g Fett
15 g Kohlenhydrate
1,21 BE

Pikanter Eintopf, siehe Rezept auf Seite 97 ▶

KALBSRAGOUT AUF BLATTSPINAT

ZUTATEN FÜR 4 PORTIONEN:

Salz
$^{1}/_{2}$ Zwiebel
Lorbeerblatt
Pfefferkörner
Saft von $^{1}/_{2}$ Zitrone
480 g Kalbfleisch
150 g Champignons, würfelig geschnitten
4 TL Pflanzenmargarine
4 TL Mehl
500 g Spargel, in ca. 1 cm lange Stücke geschnitten
Petersilie, gehackt
500 g Blattspinat, gekocht, gut abgetropft
Salz, Pfeffer
4 EL Parmesan, gerieben

Salzwasser mit Zwiebel, Lorbeerblatt, Pfefferkörnern und Zitronensaft zum Kochen bringen. Das Kalbfleisch einlegen und weich kochen. Danach auskühlen lassen und in kleine Würfel schneiden.
Champignons in etwas Kalbfleischsud weich dünsten. Sud abgießen, Margarine dazugeben, erhitzen, mit Mehl stauben und mit etwas Sud aufgießen. Fleischwürfel und Spargelstücke dazugeben, Petersilie einrühren, pikant würzen und warm stellen.
Spinat würzen und in eine feuerfeste Form geben, das Fleischragout darauf verteilen und mit Parmesan bestreuen.
Im Rohr bei starker Hitze goldgelb überbacken.

TIP: Dazu schmecken vorzüglich Salat und Reis.

PRO PORTION:

3 G + 3 E + 1 F + 40 K

1324 Joule
317 Kalorien
34 g Eiweiß
13 g Fett
9 g Kohlenhydrate
0,64 BE

KALBSSCHNITZEL MIT PILZEN

ZUTATEN FÜR 4 PORTIONEN:

480 g Kalbsschnitzel
Salz, Pfeffer
4 TL Pflanzenmargarine
60 g Schinken, würfelig geschnitten
1 Zwiebel, würfelig geschnitten
300 g Pilze, halbiert oder geviertelt
Salz, Pfeffer
1 Knoblauchzehe, gepreßt
$^{1}/_{16}$ l Weißwein
4 EL Obers
1 Bund Petersilie, feingehackt

Kalbsschnitzel leicht klopfen, salzen und pfeffern. 2 TL Margarine erhitzen und Schnitzel darin bei starker Hitze auf beiden Seiten braten. Fleisch aus der Pfanne nehmen und warm stellen.
Die restliche Margarine in die Pfanne geben und erhitzen. Schinken und Zwiebel darin anschwitzen. Pilze zugeben und so lange braten, bis die gesamte Flüssigkeit verdampft ist. Mit Salz, Pfeffer und Knoblauch würzen, mit Wein ablöschen und kräftig einkochen. Obers zugießen und so lange kochen, bis die Sauce cremig ist. Fleisch in die Sauce legen und erwärmen. Mit Petersilie bestreut servieren.

PRO PORTION:

$3^{1}/_{2}$ E + 1 F + 1 G + 65 K

1518 Joule
360 Kalorien
34 g Eiweiß
15 g Fett
12 g Kohlenhydrate
0,96 BE

KALBSROULADEN

ZUTATEN FÜR 4 PORTIONEN:

400 g Kalbsschnitzel
Salz, Pfeffer
2 EL Petersilie, gehackt
2 Zwiebeln, würfelig geschnitten
60 g Sardellenfilets, kleingeschnitten
60 g Schinken, würfelig geschnitten
1 EL Kapern
1 TL Suppenextrakt
4 TL Pflanzenmargarine
4 TL Mehl
Zitronensaft
Salz, Pfeffer
2 EL Sauerrahm

Die Kalbsschnitzel leicht klopfen, salzen und pfeffern. Mit Petersilie, Zwiebeln, Sardellen, Schinken und Kapern belegen und vorsichtig zusammenrollen. Mit einem Faden festbinden oder mit Rouladennadeln zusammenhalten.
Suppenextrakt in 1 Tasse heißem Wasser lösen und in eine Bratpfanne gießen. Rouladen nebeneinander hineingeben, Margarine obenauf verteilen und zugedeckt im Rohr braten. Öfters aufgießen. Rouladen herausnehmen und warm stellen. Bratensaft mit Mehl binden und mit Zitronensaft, Salz und Pfeffer würzen. Zuletzt die Sauce mit Sauerrahm verfeinern.
Rouladen in die fertige Sauce geben und noch ca. 15 Minuten im Rohr fertig braten.

PRO PORTION:

$3^{1}/_{2}$ E + $^{1}/_{2}$ G + 1 F + 25 K

1208 Joule
288 Kalorien
27 g Eiweiß
13 g Fett
6 g Kohlenhydrate
0,55 BE

PIKANTER EINTOPF

ZUTATEN FÜR 2 PORTIONEN:

2 TL Pflanzenöl
240 g Kalbfleisch, würfelig geschnitten
60 g Schinken, würfelig geschnitten
1 Zwiebel, gehackt
2 Karotten, in Stücke geschnitten
Salz, Pfeffer, Paprikapulver
je 1 Zweig Rosmarin, Thymian und Salbei
1 Lorbeerblatt
1 Gewürznelke
1/8 l Rotwein
1/4 l Bouillon (Würfel oder Extrakt)
100 g Eierschwammerln
2 TL Pflanzenmargarine
1 EL Petersilie, gehackt
je 1 Prise Salz,
Rosmarin und Thymian
1 EL Stärkemehl
3 EL Sauerrahm

Öl erhitzen, Fleisch und Schinken gut anbraten. Zwiebel und Karotten beifügen, ebenfalls anbraten und würzen. Rosmarin, Thymian und Salbei zusammenbinden und dazulegen. Lorbeerblatt und Nelke beigeben.
Mit Rotwein aufgießen, Bratenfond auflösen und etwas einkochen lassen. Bouillon dazugeben und zugedeckt bei geringer Hitze 1 1/4 Stunden schmoren lassen.
Eierschwammerln in heißer Margarine ca. 10 Minuten dünsten, Petersilie beifügen, würzen und die Schwammerln zum Fleisch geben. Kräutersträußchen und Nelke entfernen.
Sauce mit Stärkemehl binden und mit Rahm verfeinern.

TIP: Teigwaren, speziell Hörnchen, sind eine ausgezeichnete Beilage.

PRO PORTION:

2 F + 4 E + 2 G + 110 K

2022 Joule
484 Kalorien
34 g Eiweiß
21 g Fett
20 g Kohlenhydrate
1,69 BE

SALTIMBOCCA ALLA ROMANA

ZUTATEN FÜR 4 PORTIONEN:

480 g Kalbsschnitzel, dünngeschnitten
Salz, Pfeffer
4 frische Salbeiblätter oder Salbeipulver
120 g Schinken, in dünne Scheiben geschnitten
4 TL Pflanzenöl
einige Tropfen Zitronensaft

Schnitzel auf einer Seite würzen, Salbei auf die ungewürzte Seite der Schnitzel legen bzw. streuen.
Schinken auf die Schnitzel legen und mit Zahnstochern fixieren.
Öl erhitzen und die Schnitzel auf jeder Seite 1 Minute braten.
Vor dem Servieren Zitronensaft darüberträufeln.

PRO PORTION:

4 E + 1 F

1276 Joule
305 Kalorien
30 g Eiweiß
18 g Fett
0 g Kohlenhydrate
0,01 BE

STRUDEL „MILANO"

ZUTATEN FÜR 6 PORTIONEN:

Petersilie, gehackt
1 1/2 Zwiebeln, feingehackt
2 EL Pflanzenmargarine
150 g Strudelteig
3 EL Brösel
560 g Kalbfleisch, faschiert
3/16 l Magermilch
Oregano, Salz, Pfeffer
270 g Schinken, in dünne Scheiben geschnitten
3 Tomaten, in Scheiben geschnitten
3 Gewürzgurken, in Scheiben geschnitten
1 Ei, versprudelt

Petersilie und Zwiebel in heißer Margarine anrösten.
Strudelteig auf einem feuchten Tuch auslegen und mit Bröseln bestreuen.
Faschiertes mit Milch und Gewürzen gut durchmischen und gleichmäßig auf dem Teig verteilen. Zwiebeln und Petersilie daraufgeben und die Schinkenscheiben darüberlegen. Tomaten- und Gurkenscheiben gleichmäßig auf dem Schinken verteilen.
Strudel einrollen, auf ein mit Back-Papier ausgelegtes Backblech geben und mit dem Ei bestreichen.
Strudel im vorgeheizten Rohr bei 200° C ca. 30 Minuten backen.

TIP: Dazu servieren Sie Blattsalat mit italienischem Dressing.
Dieser Strudel schmeckt auch kalt ausgezeichnet.

PRO PORTION:

1 G + 1 F + 1 B + 10 K + 4 E

1697 Joule
407 Kalorien
34 g Eiweiß
15 g Fett
24 g Kohlenhydrate
2,04 BE

TESSINER KALBSSCHNITZEL

ZUTATEN FÜR 2 PORTIONEN:

240 g Kalbsschnitzel
Salz, Pfeffer
Rosmarin, Kerbel
2 TL Pflanzenmargarine
2 EL Weißwein
1/2 TL Suppenextrakt
6 Tomaten, in Scheiben geschnitten
2 TL Pflanzenöl
Essig, Senf
Salz, Pfeffer
Zwiebel- und Knoblauchpulver
Schnittlauch

Die Kalbsschnitzel leicht klopfen und in einer beschichteten Pfanne fettfrei braten. Danach mit Salz, Pfeffer, Rosmarin und Kerbel würzen und warm stellen.
Den Bratensatz mit 2 EL Wasser lösen. Pflanzenmargarine, Wein und Suppenextrakt zugeben und kurz aufkochen lassen. Die Sauce über die Kalbsschnitzel geben.
Tomatenscheiben auf einem Salatteller anrichten und mit einer Marinade aus den restlichen Zutaten übergießen. Mit Schnittlauch bestreuen und mit den Kalbsschnitzeln servieren.

TIP: Folienkartoffeln ergänzen diese Mahlzeit ausgezeichnet.

PRO PORTION:

3 E + 2 F + 15 K + 2 1/2 G

1301 Joule
312 Kalorien
27 g Eiweiß
14 g Fett
9 g Kohlenhydrate
0,69 BE

RAHMSCHNITZEL MIT TOMATENSALAT

ZUTATEN FÜR 4 PORTIONEN:

480 g Kalbsschnitzel
Salz, Pfeffer
1 EL Pflanzenöl
1 EL Mehl
Paprikapulver, Cayennepfeffer, Streuwürze
3 EL Sauerrahm
480 g Salzkartoffeln
2 große Paprikaschoten, in Streifen geschnitten
8 Tomaten, in dünne Scheiben geschnitten
1 große Zwiebel, feingehackt
1 TL Pflanzenöl
Essig, Senf, Salz, Basilikum, Pfeffer
Paprikapulver

Schnitzel klopfen, salzen, pfeffern, in heißem Öl beidseitig braten und warm stellen.
Den Bratenfond mit Wasser lösen und mit dem in kaltem Wasser angerührten Mehl binden. Sauce würzen und zuletzt Sauerrahm unterrühren.
Schnitzel mit Rahmsauce anrichten und Salzkartoffeln als Beilage servieren.
Tomatensalat:
Paprika, Tomaten und Zwiebel mit einer Marinade aus Öl, Essig, Senf, Salz, Basilikum, Pfeffer und Paprikapulver vermengen, kalt stellen und ziehen lassen.

PRO PORTION:

3 E + 1 F + 30 K + 1 B + 2 1/2 G

1933 Joule
461 Kalorien
32 g Eiweiß
15 g Fett
37 g Kohlenhydrate
3,28 BE

WACHAUER KALBSGESCHNETZELTES

ZUTATEN FÜR 4 PORTIONEN:

480 g Kalbsschnitzel
2 EL Mehl
1 EL Pflanzenmargarine
1 Zwiebel, gehackt
3 EL Weißwein
Salz, Pfeffer
1/2 TL Suppenextrakt
400 g Kohlsprossen
Muskatnuß
1 TL Pflanzenmargarine

Fleisch in dünne Scheiben schneiden und bemehlen.
Margarine erhitzen und Zwiebel darin glasig anlaufen lassen. Fleisch zugeben und unter ständigem Rühren bei starker Hitze rösten. Mit Weißwein und etwas Wasser ablöschen, mit Salz, Pfeffer und Suppenextrakt würzen.
Kohlsprossen in wenig Salzwasser kochen, mit Muskatnuß würzen und in zerlassener Margarine schwenken.
Geschnetzeltes auf dem Teller anrichten und mit Kohlsprossen umkränzen.

PRO PORTION:

3 E + 25 K + 1 F + 1 G

1131 Joule
270 Kalorien
31 g Eiweiß
9 g Fett
9 g Kohlenhydrate
0,73 BE

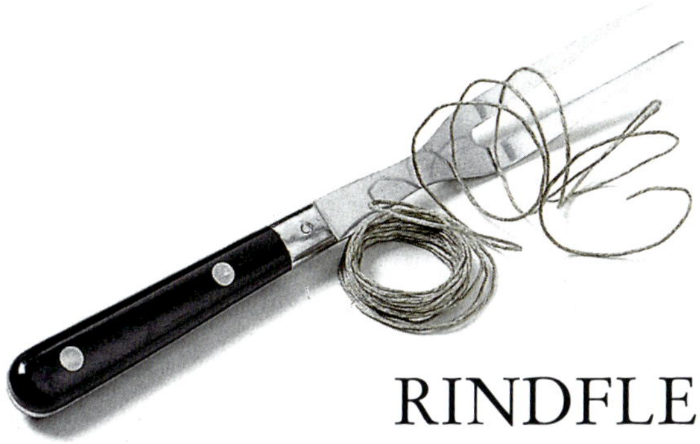

RINDFLEISCH

BEEFSTEAK „SAN JOSÉ“

ZUTATEN FÜR 2 PORTIONEN:

1 EL Pflanzenöl
320 g Beefsteak, in 2 Scheiben geschnitten
Salz, Pfeffer
1/2 Zwiebel, kleingehackt
1/2 rote Paprikaschote, kleingeschnitten
1 Pfefferone, kleingeschnitten
1 Tomate, in Würfel geschnitten
1 TL Tomatenmark
Chilisauce
einige Tropfen Tabasco
einige Tropfen Essig
flüssiger Süßstoff
1 Knoblauchzehe, zerdrückt
Salz, Pfeffer

Öl stark erhitzen. Steaks salzen, pfeffern und nach Wunsch braten (siehe Tip), aus dem Fett nehmen und warm halten.
Zwiebel im Bratenfett hell anlaufen lassen, Paprika, Pfefferone und Tomaten dazugeben, Tomatenmark einrühren und scharf würzen.
Ragout auf den Steaks verteilen.

TIP: Steaks gebraten – englisch: 2 bis 3 Minuten auf jeder Seite; halbenglisch: 3 bis 4 Minuten; durch: 4 Minuten (Steaks mit Öl bepinseln und grillen).
Zu den Steaks schmecken gekochter Mais und Blattsalate vorzüglich.

PRO PORTION:

1 1/2 F + 4 E + 1 G + 5 K

1468 Joule
351 Kalorien
35 g Eiweiß
17 g Fett
5 g Kohlenhydrate
0,43 BE

BEIRIED IN ROTWEINSAUCE

ZUTATEN FÜR 4 PORTIONEN:

640 g Beiried
Salz, Pfeffer
4 TL Pflanzenöl
15 kleine Schalotten, geschält
150 g Champignons, geachtelt
1 TL Tomatenmark
1 Knoblauchzehe, zerdrückt
1 TL Mehl
1/8 l Rotwein, trocken
1 TL Senf
Thymian, Streuwürze

Das Fleisch salzen, pfeffern und in heißem Öl auf beiden Seiten dunkelbraun anbraten.
Danach in das stark vorgeheizte Rohr geben und bei 180° bis 200° C 30 bis 35 Minuten braten. Öfters kaltes Wasser zugießen und den braunen Bratenfond vom Rand lösen. Fleisch mit heißem Bratensaft übergießen. Das Fleisch soll wie Roastbeef innen zartrosa bleiben. Aus der Pfanne nehmen und warm stellen.
Schalotten in derselben Bratpfanne leicht bräunen, Champignons mitdünsten. Dann das Tomatenmark und Knoblauch dazugeben, mit Mehl stauben und mit Wein aufgießen; zu einer sämigen Sauce verkochen lassen. Senf einrühren und würzen.
Sauce auf 4 Tellern anrichten, Fleisch in dünne Scheiben schneiden und in die Sauce legen.
Sehr heiß servieren.

PRO PORTION:

4 E + 1 F + 1/2 G + 30 K

1615 Joule
386 Kalorien
38 g Eiweiß
14 g Fett
14 g Kohlenhydrate
1,18 BE

ENTRECÔTE „PARISIENNE“

ZUTATEN FÜR 4 PORTIONEN:

Gewürzmargarine:
2 EL Pflanzenmargarine
Salz, Pfeffer
Petersilie, gehackt
1 MSP Paprikapulver
1 Knoblauchzehe, zerdrückt
Zitronensaft
1 MSP Curry
1/2 TL Senf
1/2 TL Ketchup

640 g Steaks (4 Scheiben)
Grillgewürz
Salz, Pfeffer
2 TL Pflanzenöl

Margarine mit den übrigen Zutaten gut vermischen. Die Masse auf eine Folie geben, zu einer kleinen Rolle formen und im Tiefkühlfach so fest erstarren lassen, daß man sie schneiden kann.
Die Steaks mit Grillwürze einreiben, salzen, pfeffern, mit Öl bepinseln und grillen.
Steaks auf eine feuerfeste Platte legen, die Gewürzmargarinescheiben darüber verteilen und bei starker Oberhitze im Griller oder im vorgeheizten Rohr überbacken.

TIP: Nur bei extrem starker Oberhitze bildet sich eine schöne braune Kruste.

PRO PORTION:

2 F + 4 E

1430 Joule
341 Kalorien
35 g Eiweiß
19 g Fett
0 g Kohlenhydrate
0,07 BE

Beiried in Rotweinsauce, siehe Rezept Seite 100 ▶

FLEISCHLAIBCHEN NACH GROSSMUTTERS REZEPT

ZUTATEN FÜR 4 PORTIONEN:

150 g Semmeln, würfelig geschnitten
1/4 l Magermilch
400 g Rindfleisch, faschiert
2 Eier
6 EL Bouillon
1 Bund Petersilie, feingehackt
Paprikapulver, Majoran, Thymian, Pfeffer
1 große Zwiebel, feingehackt
2 Knoblauchzehen, feingehackt
4 TL Pflanzenöl
3 EL Brösel

Semmelwürfel mit Milch übergießen und 30 Minuten stehen lassen. Danach leicht auspressen und mit einer Gabel zerdrücken. Faschiertes, Eier, Bouillon, Petersilie und Gewürze mit den Semmelwürfeln vermischen.
Zwiebel und Knoblauch in 1 TL Öl leicht anbraten und mit der Fleischmasse gut durchmischen. Zum Festigen der Masse Brösel beigeben.
Laibchen formen, in Bröseln wenden und im restlichen Öl knusprig braun braten.

TIP: Diese Laibchen schmecken auch kalt sehr gut. Sie eignen sich ausgezeichnet für Hamburger.

PRO PORTION:

1 1/2 B + 25 K + 3 E + 1 F

2156 Joule
515 Kalorien
31 g Eiweiß
24 g Fett
33 g Kohlenhydrate
2,76 BE

FLEISCHLAIBCHEN – HAUSGEMACHT

ZUTATEN FÜR 2 PORTIONEN:

60 g Brot, altbacken
1/8 l Bouillon
1/2 Zwiebel, feingehackt
1 Bund Petersilie, gehackt
1 Karotte, geraspelt
1 TL Pflanzenmargarine
200 g Rindfleisch, faschiert
80 g Schweinefleisch, faschiert
1 Ei, versprudelt
Salz, Pfeffer, Rosmarin, Thymian
2 EL Mehl
1 EL Pflanzenöl
einige Zwiebelringe
Salbeiblätter

Brot kleinschneiden und mit kochender Bouillon übergießen. Eine Zeitlang stehen lassen, dann das Brot auspressen und mit einer Gabel fein zerdrücken.
Zwiebel, Petersilie und Karotten mit der Margarine gut durchdünsten.
Faschiertes mit Brot und Gemüse vermischen, Ei daruntermengen, pikant würzen und alles gut durchkneten. Mehl beifügen und flache, runde Laibchen formen.
Laibchen in heißem Öl beidseitig braun braten.
Zwiebelringe und Salbei kurz anbraten und über die Laibchen verteilen.

TIP: Als Beilage schmecken vorzüglich im Ofen gebakkene Kartoffeln oder Kartoffelpüree und jede Art von Salaten sowie Gemüse natur.

PRO PORTION:

1 B + 1 G + 2 F + 4 E + 30 K

2802 Joule
670 Kalorien
39 g Eiweiß
41 g Fett
23 g Kohlenhydrate
1,96 BE

GEFÜLLTE PAPRIKASCHOTEN

ZUTATEN FÜR 2 PORTIONEN:

160 g Rindfleisch, faschiert
Salz, Pfeffer
50 g Zwiebeln, gehackt
80 g Reis, körnig gekocht
2 Paprikaschoten, ausgehöhlt
2 TL Pflanzenmargarine
200 g Tomaten, enthäutet, halbiert
Petersilie, feingehackt

Faschiertes mit Salz und Pfeffer gut durchmischen. Zwiebeln und Reis dazugeben und in die Paprikaschoten füllen.
In einer Kasserolle Margarine erhitzen, Paprikaschoten hineinstellen, Tomaten dazugeben und anbraten. Mit wenig Wasser aufgießen und gar dünsten.
Mit Petersilie bestreuen und servieren.

TIP: Dazu passen sehr gut Petersilienkartoffeln.

PRO PORTION:

2 E + 2 1/2 G + 1/2 B + 1 F

1400 Joule
334 Kalorien
20 g Eiweiß
16 g Fett
20 g Kohlenhydrate
1,59 BE

MARINIERTE STEAKS VOM GRILL

ZUTATEN FÜR 2 PORTIONEN:

2 TL Pflanzenöl
1 EL Senf
je 1 MSP Rosmarin, Thymian, Paprikapulver, Pfeffer und Streuwürze
1 EL Zitronensaft
320 g Steaks

Öl, Senf, Gewürze und Zitronensaft verrühren. Steaks damit bepinseln. 3 bis 4 Stunden marinieren.
Auf dem Holzkohlengrill, in der Grillpfanne oder in einer beschichteten Bratpfanne auf jeder Seite 3 bis 4 Minuten braten, ab und zu mit der restlichen Marinade bepinseln.

TIP: Servieren Sie dazu „Kartoffeln in der Folie" (Rezept Seite 50) und Salate.

PRO PORTION:

1 F + 4 E

1312 Joule
313 Kalorien
35 g Eiweiß
14 g Fett
1 g Kohlenhydrate
0,20 BE

PFEFFERSTEAK

ZUTATEN FÜR 2 PORTIONEN:

240 g Rindsfilets
2 TL Weinbrand
2 TL Kondensmilch
2 TL Ketchup
Salz
Pfeffer, grobgeschrotet
1 Kopfsalat
1 kleine Paprikaschote, in dünne Ringe geschnitten
1/2 Salatgurke, in dünne Scheiben geschnitten
2 Tomaten, in Scheiben geschnitten
Zitronensaft
2 TL Pflanzenöl
Salz, Selleriesalz
Dille, gehackt

Filets in einer beschichteten Pfanne fettfrei braten. Mit Weinbrand begießen und sofort flambieren. Den Bratensatz mit Kondensmilch und Ketchup lösen und mit Salz würzen. Zuletzt mit Pfeffer bestreuen.
Salat mit Paprika, Gurke und Tomaten mischen und mit einer Marinade aus Zitronensaft, Pflanzenöl, Salz, Selleriesalz und Dille übergießen.

TIP: Reichen Sie dazu Weißbrot.

PRO PORTION:

3 E + 20 K + 3 G + 1 F

1193 Joule
285 Kalorien
28 g Eiweiß
12 g Fett
8 g Kohlenhydrate
0,65 BE

RINDFLEISCH IN SÜSS - SAUREM GEMÜSE

ZUTATEN FÜR 2 PORTIONEN:

160 g Rindsfilet, in dünne Streifen geschnitten
1 Knoblauchzehe, feingehackt
1 Stück Zitronenschale, von unbehandelter Frucht
1 TL Zitronensaft
1 MSP gemahlener Ingwer
2 TL Pflanzenmargarine
100 g Karotten, in schmale Stifte geschnitten
120 g Brokkoli, in Röschen geteilt, Stiele kleingeschnitten
1 Tomate, kleinwürfelig geschnitten
100 g Porree, in feine Ringe geschnitten
1 kleine Zwiebel, feingehackt
1 großer Pfirsich, enthäutet, entkernt, in dünne Scheiben geschnitten
1/2 Banane, in Scheiben geschnitten
1/2 EL Weißweinessig
Salz, weißer Pfeffer
einige Blätter frische Pfefferminze, in schmale Streifen geschnitten, oder Petersilie, feingehackt

Das Fleisch mit Knoblauch, Zitronenschale und -saft sowie mit Ingwer ca. 1 Stunde im Kühlschrank marinieren lassen.
Margarine in einer Kasserolle erhitzen und das Gemüse darin kernig dünsten. Das Obst untermengen, mit Essig ablöschen und mit Salz würzen.
Das marinierte Rindfleisch pfeffern, mit der Pfefferminze unter das Gemüse mischen und zugedeckt ca. 10 Minuten garen.

TIP: Servieren Sie dazu gekochten Reis, und Sie haben ein chinesisches Gericht.

PRO PORTION:

2 E + 1 F + ca. 2 1/2 G + 1 O

1132 Joule
272 Kalorien
21 g Eiweiß
8 g Fett
21 g Kohlenhydrate
1,62 BE

RINDFLEISCH - EINTOPF

ZUTATEN FÜR 4 PORTIONEN:

3/4 l Rindsuppe, hausgemacht
360 g Rindfleisch, gekocht
4 TL Pflanzenöl
1 große Zwiebel, in Ringe geschnitten
2 Stangen Porree, in Ringe geschnitten
400 g Weißkraut, in kleine Stücke geschnitten
2 Karotten, in Scheiben geschnitten
480 g Kartoffeln, würfelig geschnitten
2 Knoblauchzehen, gepreßt
Pfeffer, frisch gemahlen

Suppe erhitzen, Fleisch zum Erwärmen hineingeben.
Öl in einer Kasserolle erhitzen, Zwiebel darin anrösten, das Gemüse und die Kartoffeln dazugeben und mit Suppe aufgießen, bis alles bedeckt ist. Bei schwacher Hitze ca. 20 Minuten köcheln.
Mit Knoblauch und Pfeffer würzen und auf Suppentellern anrichten. Fleisch in Scheiben schneiden und auf das Gemüse legen.

PRO PORTION:

10 K + 3 E + 1 F + 2 G + 1 B

1468 Joule
351 Kalorien
35 g Eiweiß
17 g Fett
5 g Kohlenhydrate
0,43 BE

RINDSFILETS MIT GEFÜLLTEN TOMATEN

ZUTATEN FÜR 4 PORTIONEN:

240 g Erbsen, tiefgekühlt
Salz, flüssiger Süßstoff
480 g Rindslungenbraten, in 4 Filets geschnitten
Salz, Pfeffer
4 TL Pflanzenmargarine
4 große Tomaten
Pfefferminze, gehackt

Erbsen dünsten, salzen und ganz wenig Süßstoff dazugeben.
Filets salzen, pfeffern und in heißer Margarine auf beiden Seiten braten: englisch – je 2 Minuten; halbenglisch – je 3 Minuten; oder durchbraten – je 4 Minuten; danach warm stellen.
Tomaten halbieren, aushöhlen, salzen, pfeffern und im Bratenfett kurz heiß werden lassen. Mit Erbsen füllen und mit Minze bestreuen.
Filets auf Tellern anrichten und mit je 2 Tomatenhälften garniert servieren.

PRO PORTION:

1/2 B + 3 E + 1 F + 1 G

1335 Joule
319 Kalorien
32 g Eiweiß
11 g Fett
14 g Kohlenhydrate
1,16 BE

RINDSROULADEN IM GEMÜSETOPF

ZUTATEN FÜR 2 PORTIONEN:

20 g Steinpilze, getrocknet
1 EL Pflanzenöl
1/2 Zwiebel, feingehackt
1 EL Petersilie, feingehackt
je 1 Prise Majoran, Rosmarin und Thymian
80 g Kalbfleisch, faschiert
200 g Rindsschnitzel
Salz, Pfeffer
ca. 1/4 l Bouillon
150 g Karfiol, in Röschen geteilt
150 g Karotten, in Stifte geschnitten
Streuwürze, Majoran
1 EL Petersilie, gehackt

Pilze mit kochendem Wasser übergießen und 10 Minuten stehen lassen.
1/2 EL Öl erhitzen, Zwiebel darin hellgelb dünsten. Abgetropfte, kleingeschnittene Pilze beifügen und mitdünsten. Petersilie und Gewürze dazugeben und von der Platte nehmen. Faschiertes mit den Pilzen mischen.
Rindsschnitzel auflegen, würzen, die Fleisch-Pilz-Masse darauf verteilen, zusammenrollen, binden oder mit Zahnstochern fixieren. Restliches Öl erhitzen, Rouladen gut anbraten, Bouillon dazugießen und 20 Minuten schmoren. Das Gemüse zum Fleisch geben, würzen und zugedeckt weitere 20 Minuten schmoren lassen.
Vor dem Servieren Petersilie darüberstreuen.

TIP: Wenn Sie Eiweiß sparen wollen, dann nehmen Sie anstelle des Faschierten die doppelte Menge an Steinpilzen für die Fülle.

PRO PORTION:

2 G + 1 1/2 F + 3 1/2 E

1669 Joule
399 Kalorien
38 g Eiweiß
17 g Fett
13 g Kohlenhydrate
1,15 BE

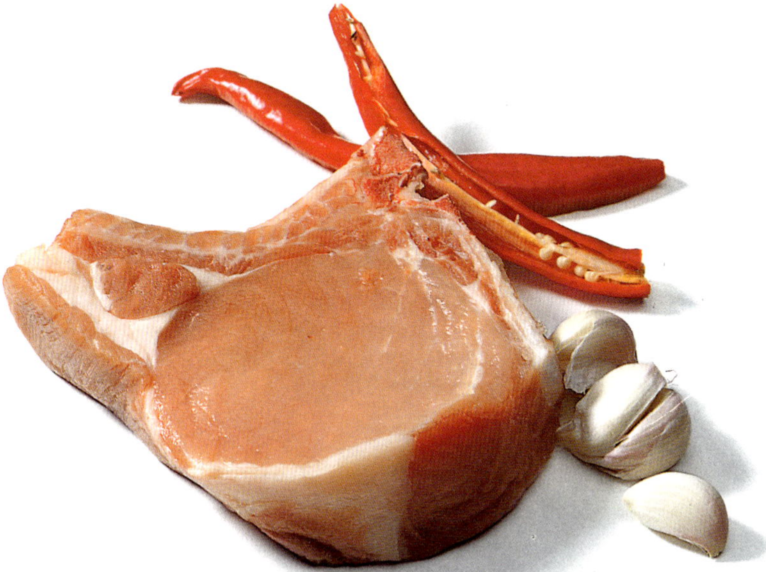

SCHWEINEFLEISCH

ENGLISCHE SENFSTEAKS

ZUTATEN FÜR 2 PORTIONEN:

1 EL Weinessig
3 TL Pflanzenöl
Salz
Pfeffer, frisch gemahlen
1 TL mittelscharfer Senf
320 g Schweinssteaks
300 g Champignons, aus der Dose, blättrig geschnitten
1 EL Petersilie, feingehackt

Den Weinessig mit 1 TL Öl, Salz, Pfeffer und dem Senf verrühren. Die Steaks mit der Senfmischung auf beiden Seiten bestreichen und 1 Stunde ziehen lassen.
In einer Pfanne das restliche Öl erhitzen. Die Steaks aus der Marinade nehmen und im heißen Öl auf beiden Seiten je 5 Minuten braun braten. Steaks aus der Pfanne nehmen und warm stellen.
Den Bratensatz mit der restlichen Marinade lösen und die Champignons mit der Petersilie darin erhitzen.
Champignonsauce mit den Steaks anrichten.

PRO PORTION:

$1^1/_2$ F + 4 E + $1^1/_2$ G

1469 Joule
351 Kalorien
34 g Eiweiß
19 g Fett
2 g Kohlenhydrate
0,17 BE

PIKANTE SCHWEINSKOTELETTS

ZUTATEN FÜR 4 PORTIONEN:

600 g Schweinskoteletts, in 4 Stücke geschnitten
Salz, Pfeffer
4 TL Pflanzenöl
$^1/_2$ Zwiebel
1 Gewürzgurke
$^1/_2$ EL Kapern
Petersilie
$^1/_2$ TL Tomatenmark
1 TL scharfer Senf
3 TL Mehl
ca. $^1/_4$ l Bouillon
Pfeffer, frisch gemahlen
Majoran

Koteletts klopfen, salzen und pfeffern. Öl erhitzen und die Koteletts auf beiden Seiten braten und warm stellen.
Zwiebel, Gurke, Kapern und Petersilie fein hacken, vermischen und im Bratenfett 1 bis 2 Minuten rösten. Tomatenmark und Senf einrühren, mit Mehl stauben, mit Suppe aufgießen und zu einer dicklichen Sauce einkochen lassen. Koteletts in die Sauce legen und mit Pfeffer und Majoran würzen.

PRO PORTION:

3 E + 1 F + 10 K

1257 Joule
301 Kalorien
30 g Eiweiß
15 g Fett
3 g Kohlenhydrate
0,26 BE

SCHWEINSFILET AUF ITALIENISCHE ART

ZUTATEN FÜR 2 PORTIONEN:

1 TL Pflanzenöl
$^1/_2$ Zwiebel, feingehackt
1 Knoblauchzehe, gepreßt
100 g Paprika, in Streifen geschnitten
Salz, Pfeffer
italienische Kräutermischung
320 g Schweinsfilet, in dicke Scheiben geschnitten
100 g Zucchini, in Scheiben geschnitten
100 g Melanzani, in Scheiben geschnitten
2 Tomaten, halbiert
1 TL Pflanzenmargarine

Eine feuerfeste Form mit Öl ausstreichen. Zwiebel, Knoblauch und Paprika darin verteilen und wenig würzen.
Fleisch und Gemüse ebenfalls würzen und in Reihen in die Form legen. Margarine darüber verteilen und ca. 20 Minuten zugedeckt und 15 Minuten ungedeckt im Rohr bei 250° C schmoren.

TIP: Servieren Sie dazu Nudeln.

PRO PORTION:

1 F + 2 G + 4 E

1541 Joule
371 Kalorien
36 g Eiweiß
16 g Fett
13 g Kohlenhydrate
0,86 BE

Schweinsfilet auf italienische Art, siehe Rezept Seite 106 ▶

SCHWEINSRAGOUT „LYONNAISE“

Zutaten für 4 Portionen:

480 g Schweinefleisch, in dünne Streifen geschnitten
4 TL Pflanzenöl
2 Zwiebeln, in Ringe geschnitten
1/8 l Rindsuppe (Würfel oder Extrakt)
1/4 TL Kümmel, gemahlen
1 Knoblauchzehe, zerdrückt
Thymian
Petersilie, gehackt

Fleisch salzen und pfeffern.
Öl erhitzen, Fleisch darin rasch anbraten und dann aus der Pfanne nehmen.
Zwiebelringe im Bratenfett goldgelb rösten, mit Suppe aufgießen und die Sauce einkochen lassen. Sauce mit Kümmel, Knoblauch und Thymian würzen. Das Fleisch in die Sauce legen, kurz heiß werden lassen und mit Petersilie bestreut servieren.

Tip: Als Beilage passen sehr gut Reis oder Teigwaren und Salat.

Pro Portion:

3 E + 1 F + 1/2 G

1119 Joule
267 Kalorien
26 g Eiweiß
14 g Fett
4 g Kohlenhydrate
0,30 BE

SCHWEINSLUNGENBRATEN NACH ZIGEUNERART

Zutaten für 4 Portionen:

480 g Schweinslungenbraten, in Filets geschnitten
Salz, Pfeffer
4 TL Pflanzenmargarine
1 Zwiebel, in dünne Ringe geschnitten
je 1 grüne und rote Paprikaschote, in Streifen geschnitten
120 g Geselchtes, in dünne Streifen geschnitten
1 TL Paprikapulver
4 TL Mehl
1/8 l Bouillon
1 Tomate, halbiert, in dünne Scheiben geschnitten
2 Gewürzgurken, in dünne Streifen geschnitten
1 Knoblauchzehe, zerdrückt

Filets leicht klopfen, salzen und pfeffern.
Margarine in einer Pfanne erhitzen und die Filets darin auf beiden Seiten braun abbraten, warm stellen. Im Bratenfett die Zwiebel anrösten, dann die Paprikastreifen dazugeben, danach das Geselchte. Mit Paprikapulver vermischen, mit Mehl stauben und mit Bouillon aufgießen. Sauce einkochen lassen. Tomaten und Gurken dazugeben und mit Salz, Pfeffer und Knoblauch würzen.
Filets in die Sauce legen und heiß werden lassen.

Pro Portion:

4 E + 1 F + 1 G + 10 K

1486 Joule
356 Kalorien
33 g Eiweiß
17 g Fett
7 g Kohlenhydrate
0,62 BE

LAMMFLEISCH

FISOLENSALAT MIT LAMMFILET

ZUTATEN FÜR 2 PORTIONEN:

Salatsauce:
1 Zwiebel, feingehackt
1 TL Senf
1 EL Weinessig
Kräutersalz

400 g Fisolen, in Stücke geschnitten
Bohnenkraut
240 g Lammfilet
Pfeffer
2 Knoblauchzehen, gepreßt
Salz

Die Zutaten für die Salatsauce gut miteinander verrühren. Fisolen mit dem Bohnenkraut garen und noch warm mit der Salatsauce vermischen.
Lamm pfeffern und kurz braten, zuletzt Knoblauch und Salz dazugeben. Fleisch in dünne Scheiben schneiden und auf dem Fisolensalat anrichten.

PRO PORTION:

$2^1/_2$ G + 3 E

1161 Joule
278 Kalorien
30 g Eiweiß
8 g Fett
13 g Kohlenhydrate
1,09 BE

LAMMBRATEN NATUR

ZUTATEN FÜR 4 PORTIONEN:

640 g ausgelöster Lammschlögel
5 Knoblauchzehen, geschält, in Stifte geschnitten
Salz, Pfeffer, Thymian
8 TL Pflanzenöl

Lammfleisch fest einrollen und mit einem Naturspagat zusammenbinden. Mit einem scharfen, spitzen Messer in das Fleisch einstechen und Knoblauchstifte in die Einschnitte drücken. Fleisch salzen, pfeffern und mit etwas Thymian bestreuen. In eine Pfanne legen und mit Öl übergießen.
Pfanne in das vorgeheizte Rohr schieben und das Fleisch bei 180° bis 200° C $1^1/_2$ bis $1^3/_4$ Stunden braten. Zwischendurch mit kaltem Wasser aufgießen und braunen Bratenrand lösen. Das Fleisch mit heißem Bratensaft übergießen.

TIP: Als Beilagen passen Petersilienkartoffeln sowie Pariserkarotten und Fisolen sehr gut dazu.

PRO PORTION:

4 E + 2 F

1600 Joule
384 Kalorien
32 g Eiweiß
24 g Fett
1 g Kohlenhydrate
0,13 BE

LAMMFLEISCH MIT BLATTSPINAT

ZUTATEN FÜR 2 PORTIONEN:

1 kleine Zwiebel, feingehackt
1 Knoblauchzehe, feingehackt
2 TL Pflanzenöl
400 g Blattspinat
$1^1/_2$ EL Crème fraîche
160 g Lammfleisch, in schmale Streifen geschnitten
Salz
$^1/_2$ TL Kurkuma
Cayennepfeffer
$^1/_2$ TL Kreuzkümmel
gemahlener Koriander
Ingwerpulver

Zwiebel und Knoblauchzehe in heißem Öl anrösten lassen.
Den Spinat dazugeben und ca. 10 Minuten dünsten, zwischendurch öfters umrühren. Crème fraîche und das Fleisch unter den Spinat mischen, mit den Gewürzen gut verrühren und so lange dünsten, bis das Fleisch gar ist.

TIP: Zu diesem indischen Gericht schmeckt körnig gekochter Reis vorzüglich.

PRO PORTION:

1 F + 2 G + 55 K + 2 E

1047 Joule
251 Kalorien
22 g Eiweiß
12 g Fett
6 g Kohlenhydrate
0,52 BE

Steirisches Lamm, siehe Rezept auf Seite 112 ▶

LAMMRAGOUT MIT MELANZANI

ZUTATEN FÜR 4 PORTIONEN:

4 mittelgroße Melanzani
1 große Zwiebel, feingehackt
480 g Lammfleisch, in Würfel geschnitten
4 TL Tomatenmark
Salz, Pfeffer
Petersilie, feingehackt

Melanzani halbieren und in wenig Wasser 5 Minuten blanchieren, die Haut abziehen und die Melanzani würfelig schneiden.
Zwiebel, Fleisch und 1 Tasse Wasser dazugeben und zugedeckt dünsten. Tomatenmark, Salz, Pfeffer und Petersilie daruntermischen, kurz aufkochen lassen.

TIP: Kartoffeln in der Folie sind eine ausgezeichnete Beilage zum Ragout.

PRO PORTION:

ca. 2 G + 3 E + 10 K

926 Joule
221 Kalorien
26 g Eiweiß
8 g Fett
6 g Kohlenhydrate
0,47 BE

STEIRISCHES LAMM

ZUTATEN FÜR 2 PORTIONEN:

200 g Kohl, Rippen entfernt, in mundgerechte Stücke geschnitten
150 g Karotten, in Scheiben oder Stifte geschnitten
150 g Porree, in 2 bis 3 cm lange Stücke geschnitten
1 Zwiebel, grobgehackt
240 g Lamm, in Würfel geschnitten
Salz, Pfeffer, Majoran, Thymian
ca. 1/4 l Bouillon
240 g Kartoffeln, geschält, in Würfel geschnitten
1 EL Petersilie, gehackt

Gemüse lagenweise mit dem Fleisch in eine Kasserolle schichten, Gewürze dazwischenstreuen. Bouillon dazugießen – der Inhalt soll knapp bedeckt sein.
Zugedeckt im Rohr bei 180° C oder auf dem Herd 1 Stunde schmoren.
Kartoffeln dazugeben und in einer weiteren 1/2 Stunde gar kochen.
Mit Petersilie bestreut servieren.

TIP: Wann immer möglich, frische Kräuter verwenden! Petersilie zum Beispiel ist das ganze Jahr hindurch frisch erhältlich und ein hervorragender Vitamin-C-Spender.

PRO PORTION:

3 G + 3 E + 1 B

1868 Joule
447 Kalorien
39 g Eiweiß
9 g Fett
41 g Kohlenhydrate
3,46 BE

LAMMSTRUDEL MIT KOHL

ZUTATEN FÜR 3 PORTIONEN:

800 g Kohl
100 g Zwiebeln, feingehackt
1 Knoblauchzehe, feingehackt
1 EL Pflanzenmargarine
Salz, Pfeffer
1/8 l Bouillon
280 g Lammfleisch, grobfaschiert
2 Eier
Petersilie, Thymian, Oregano
Salz, Pfeffer
90 g Strudelteig
1/8 l Magermilch
4 TL Mehl

Den Kohl entblättern, 3 schöne, große Blätter beiseite legen. Von den anderen Blättern die dicken Stiele entfernen und in 3 bis 4 cm breite Streifen schneiden.
Zwiebeln und Knoblauch in Margarine andünsten. 3/4 der geschnittenen Kohlmenge dazugeben, mit Salz und frischgemahlenem Pfeffer würzen. Mit Bouillon aufgießen und zugedeckt ca. 10 Minuten bei kleiner Hitze garen. Danach auskühlen lassen und beiseite stellen.
Faschiertes mit Eiern und Gewürzen gut vermischen. Den restlichen kleingeschnittenen Kohl in Salzwasser aufkochen, mit kaltem Wasser abschrecken, abtropfen lassen und unter die Fleischmasse geben.
Die 3 großen Kohlblätter 1 bis 2 Minuten in Salzwasser kochen, mit kaltem Wasser abschrecken und trockentupfen. Kohlblätter in der Größe der Teigblätter auslegen, Fleischmasse darauf verteilen und wie eine Roulade aufrollen.
Strudelteig auf ein feuchtes Tuch legen, Kohlroulade in den Teig einhüllen. Auf ein mit Wasser abgespültes Backblech geben, mit Milch bestreichen und im vorgeheizten Rohr bei 200° C 20 Minuten backen.
Restlichen Kohl erhitzen und mit Mehl binden.
Den Lammstrudel vor dem Aufschneiden 10 Minuten rasten lassen.
Strudel mit gedünstetem Kohl anrichten.

PRO PORTION:

3 G + 1 F + 3 E + 1 B + 30 K

2435 Joule
582 Kalorien
49 g Eiweiß
17 g Fett
43 g Kohlenhydrate
3,63 BE

WILD

HASENBRATEN

ZUTATEN FÜR 4 PORTIONEN:

480 g Hasenkeule (oder Reh, Hirsch), vom Knochen gelöst
Salz, Thymian
4 TL Pflanzenöl
400 g Zwiebeln, feingehackt
400 g Karotten, kleingeschnitten
400 g Tomaten, kleingeschnitten
Pfeffer, Paprikapulver
4 EL Rotwein
Gemüsebouillon

Fleisch mit Salz und Thymian einreiben und in heißem Öl auf beiden Seiten gut anbraten.
Das Gemüse zugeben, würzen und mit Wein und Bouillon aufgießen.
Zugedeckt im vorgeheizten Rohr bei 220° C 60 bis 80 Minuten braten.

PRO PORTION:

3 E + 1 F + 3 G + 15 K

1158 Joule
277 Kalorien
31 g Eiweiß
6 g Fett
15 g Kohlenhydrate
1,23 BE

HASENRÜCKEN MIT WURZELWERK

ZUTATEN FÜR 4 PORTIONEN:

600 g Hasenrücken
Salz, Pfeffer
2 EL Pflanzenöl
1 Wurzelwerk, kleingeschnitten
1/2 Zwiebel, feingehackt
1 TL Tomatenmark
1/16 l Rotwein
1 EL Preiselbeerkompott
2 EL Mehl

Gewürze:
Pfefferkörner, Wacholderbeeren, Senfkörner
1 Lorbeerblatt
Majoran, Thymian

1 TL Senf
Saft von 1/2 Zitrone
1/8 l Milch

Fleisch salzen, pfeffern und in heißem Öl rundherum braun anbraten. Aus der Pfanne nehmen und in eine Kasserolle mit Deckel geben.
Wurzelwerk und Zwiebel im Bratenfett anrösten, Tomatenmark dazugeben, mit Wein aufgießen und das Kompott einrühren, verkochen lassen. Mit Mehl stauben, mit gut 1/4 l Wasser aufgießen und die Gewürze beifügen.
Fleisch mit Sauce übergießen, zugedeckt in das stark vorgeheizte Rohr geben und so lange dünsten lassen, bis das Fleisch weich ist.
Fleisch aus der Sauce nehmen, tranchieren und warm stellen.
Sauce aufkochen lassen, Senf, Zitronensaft und Milch einrühren und gut verkochen lassen. Sauce passieren und über das Fleisch gießen.

TIP: Als Vorspeise servieren Sie gemischten Blattsalat und als Beilage Semmelknödel (siehe Rezept Seite 34).

PRO PORTION:

3 E + 1 1/2 F + 1/2 G + 55 K

1421 Joule
338 Kalorien
38 g Eiweiß
11 g Fett
13 g Kohlenhydrate
1,08 BE

KANINCHENBRATEN MIT BUNTEM GEMÜSE

ZUTATEN FÜR 4 PORTIONEN:

600 g Kaninchenstücke (mit Knochen)
Salz, Pfeffer
4 TL Pflanzenmargarine
1 Zwiebel, feingehackt
Paprikapulver
400 g Mischgemüse
2 Tomaten, würfelig geschnitten
1 EL Tomatenmark
1 Lorbeerblatt
1 Knoblauchzehe
Salz, Pfeffer
1/8 l Rindsuppe (Würfel oder Extrakt)

Fleischstücke salzen, pfeffern und in heißer Margarine von allen Seiten braun anbraten.
Fleisch herausnehmen und in eine Pfanne mit Deckel geben.
Zwiebel im Bratenfett anlaufen lassen, Paprikapulver einrühren, Gemüse und Tomaten dazugeben, Tomatenmark und alle Gewürze beifügen, mit Suppe aufgießen und aufkochen lassen.
Gemüse auf das Fleisch geben und zugedeckt im Rohr bei 170° C ca. 45 Minuten weich dünsten.

TIP: Als Beilage reichen Sie Reis und Salate.

PRO PORTION:

3 E + 1 F + 1 1/2 G + 10 K

1493 Joule
354 Kalorien
35 g Eiweiß
16 g Fett
9 g Kohlenhydrate
0,81 BE

Kaninchenbraten mit buntem Gemüse, siehe Rezept Seite 114 ▶

REHRAGOUT MIT ROTKRAUT

ZUTATEN FÜR 2 PORTIONEN:

240 g Rehfleisch, in Würfel geschnitten
2 TL Pflanzenöl
1 große Zwiebel, gehackt
1 Lorbeerblatt
Pfefferkörner
1 EL Mehl
Salz
3 EL Rotwein
2 TL Kondensmilch, 4%
400 g Rotkraut, feingehobelt
1 kleine Zwiebel, feingehackt
Salz, Pfeffer
flüssiger Süßstoff

Die Fleischwürfel in heißem Öl anbraten, Zwiebel dazugeben und mit Wasser ablöschen. Lorbeerblatt und Pfefferkörner beigeben und bei schwacher Hitze dünsten.
Mehl mit kaltem Wasser verrühren und die Sauce damit binden, mit Salz und Rotwein würzen und mit Kondensmilch verfeinern.
Rotkraut mit gehackter Zwiebel in wenig Wasser dünsten und danach mit Salz, Pfeffer und Süßstoff würzen.

PRO PORTION:

3 E + 1 F +
ca. 3 G + 45 K

1240 Joule
295 Kalorien
32 g Eiweiß
7 g Fett
16 g Kohlenhydrate
1,33 BE

REHRÜCKENBRATEN MIT PREISELBEEREN

ZUTATEN FÜR 4 PORTIONEN:

600 g Rehrücken
Salz, Pfeffer
Wacholderbeeren, zerstoßen
2 EL Pflanzenöl
1 TL Pflanzenmargarine
1/2 Zwiebel, feingehackt
400 g Eierschwammerln
Salz, Pfeffer
Petersilie, gehackt
2 kleine Birnen, geschält, der Länge nach halbiert, Kerngehäuse entfernt
4 TL Preiselbeerkompott
1 TL Pflanzenmargarine

Rehrücken salzen, pfeffern und in eine Pfanne legen, mit Wacholder bestreuen und mit Öl übergießen.
Rehrücken in das stark vorgeheizte Rohr stellen und bei 250° C 30 bis 40 Minuten braten. Öfters kaltes Wasser zugießen und das Fleisch mit heißem Bratensaft übergießen. Das Fleisch soll außen braun sein, innen jedoch rosa bleiben.
Das Fleisch aus der Pfanne nehmen, vom Knochen lösen, in Scheiben schneiden und auf dem Knochen wieder zusammenfügen. Rehrücken auf eine Platte legen und warm stellen. Saft in der Pfanne einkochen lassen und ebenfalls warm stellen.
Margarine in einer Kasserolle erhitzen, Zwiebel darin glasig anlaufen lassen, Eierschwammerln dazugeben, salzen, pfeffern und zugedeckt weich dünsten. Petersilie dazugeben.
Birnenhälften mit Kompott füllen, in eine flache, mit Margarine befettete Form legen und im Rohr bei stärkerer Hitze dünsten.
Schwammerln und Birnen rund um den Rehrücken anrichten und den Bratensaft über das Fleisch gießen.

TIP: Dazu passen gedünstetes Rotkraut und Bratkartoffeln.

PRO PORTION:

3 E + 2 F + 1 G +
1/2 O + 20 K

1716 Joule
409 Kalorien
36 g Eiweiß
17 g Fett
18 g Kohlenhydrate
1,52 BE

WILDSCHNITZEL

ZUTATEN FÜR 4 PORTIONEN:

480 g Reh- oder Hirschschnitzel
Salz, Pfeffer
Wacholderbeeren, zerstoßen
4 TL Mehl, 2 EL Pflanzenmargarine
1 kleiner Apfel, geschält, Kerngehäuse ausgestochen, in 4 dicken Scheiben
2 EL Preiselbeerkompott
1 mittelgroße Orange, geschält, in Scheiben

Fleisch leicht klopfen, salzen, pfeffern, mit Wacholderbeeren würzen und auf beiden Seiten bemehlen.
Margarine in einer Pfanne erhitzen, die Schnitzel einlegen und auf beiden Seiten bei stärkerer Hitze braun braten, herausnehmen und warm stellen.
Apfelscheiben im Bratenfett auf beiden Seiten goldgelb braten, auf die Wildschnitzel legen, Preiselbeerkompott in die Mitte geben und mit Orangenscheiben garnieren.

TIP: Dazu reichen Sie gedünstete Fisolen und Naturreis.

PRO PORTION:

3 E + 40 K +
1 1/2 F + 1/2 O

1353 Joule
323 Kalorien
25 g Eiweiß
15 g Fett
13 g Kohlenhydrate
1,16 BE

INNEREIEN

EIEROMELETTE MIT GESCHNETZELTER LEBER

ZUTATEN FÜR 2 PORTIONEN:

1/2 Zwiebel, feingehackt
2 TL Pflanzenöl
160 g Leber, in Stücke geschnitten
Majoran, Thymian
2 Salbeiblätter, feingehackt

Omelette:
2 Eier
2 EL Wasser
Streuwürze
2 TL Pflanzenöl

Salz, Pfeffer

Zwiebel in Öl hellgelb rösten. Leber beifügen und rösten. Würzen und warm halten.
Eier mit Wasser und Streuwürze verschlagen und in heißem Öl 2 Omelettes backen. Auf eine Platte gleiten lassen.
Erst jetzt die Leber mit Salz und Pfeffer würzen, auf die eine Omelettehälfte verteilen und die andere darüberschlagen.

TIP: Statt Leber kann auch Niere, Kalbfleisch oder Huhn verwendet werden. Auch gedämpfte Champignons, Eierschwammerln oder anderes gedämpftes Gemüse eignen sich sehr gut als Fülle (siehe auch Rezept „Chinesische Reispfanne", Seite 44).

PRO PORTION:

2 F + 3 E

1335 Joule
320 Kalorien
24 g Eiweiß
20 g Fett
5 g Kohlenhydrate
0,43 BE

GEFLÜGELLEBER MIT CHAMPIGNONS

ZUTATEN FÜR 4 PORTIONEN:

100 g Champignons
2 EL Pflanzenmargarine
3 Schalotten, feingehackt
5 EL Madeira
4 EL Sauerrahm
480 g Geflügelleber, würfelig geschnitten
1 EL Cognac
Salz, Pfeffer
1/2 TL Thymian

Champignons in 1 EL Margarine dünsten und herausnehmen.
Schalotten in die Pfanne geben und glasig dünsten, mit Madeira ablöschen, etwas einkochen lassen und pürieren. Zuletzt mit Sauerrahm verfeinern.
Restliche Margarine in einer zweiten Pfanne erhitzen und die Geflügelleber darin braten, mit Cognac ablöschen und mit Salz und Pfeffer würzen. Champignons und Sauce zugeben und gut vermischen, anrichten und mit Thymian bestreut servieren.

PRO PORTION:

1/2 G + 1 1/2 F + 60 K + 3 E

1337 Joule
319 Kalorien
27 g Eiweiß
14 g Fett
7 g Kohlenhydrate
0,64 BE

KALBSHERZRAGOUT

ZUTATEN FÜR 4 PORTIONEN:

400 g Kalbsherz, Adern und Haut entfernt, in ca. 1 cm dicke Streifen geschnitten
4 TL Pflanzenöl
60 g Schinken, in dünne Streifen geschnitten
300 g Zwiebeln, in Ringe geschnitten
300 g Tomaten, enthäutet, geviertelt
4 EL Sauerrahm
Salz, Pfeffer
1 EL Petersilie, gehackt

Kalbsherz in Öl anrösten. Schinken und Zwiebeln beigeben und gut durchrösten. Tomaten dazugeben, mit etwas Wasser aufgießen und zugedeckt weich dünsten.
Sauerrahm mit Salz und Pfeffer versprudeln, zum Kalbsherz geben und kurz aufkochen lassen.
Mit Petersilie bestreut servieren.

PRO PORTION:

3 E + 1 F + 1 1/2 G + 30 K

1094 Joule
260 Kalorien
20 g Eiweiß
13 g Fett
8 g Kohlenhydrate
0,68 BE

Kalbszunge mit Kräutersauce, siehe Rezept Seite 120 ▶

KALBSNIEREN IN CHAMPIGNONSAUCE

ZUTATEN FÜR 2 PORTIONEN:

240 g Kalbsnieren, Stränge entfernt, gut gewaschen, in dünne Scheiben geschnitten
1 EL Pflanzenmargarine
1/2 Zwiebel, feingehackt
100 g Champignons, blättrig geschnitten
Petersilie, feingehackt
1 TL Mehl
1/16 l Milch
2 EL Joghurt, bis 1%
1 TL Senf
1 kleine Senfgurke, in Stücke geschnitten
Salz, Pfeffer, Worcestersauce
Petersilie, feingehackt

Nierenscheiben in heißer Margarine auf beiden Seiten nicht länger als je 2 bis 3 Minuten abbraten. Aus der Pfanne nehmen und warm stellen.
Die Zwiebel im Bratenfett kurz durchrösten, die Champignons beifügen und weich dünsten. Etwas Petersilie dazugeben, mit Mehl stauben und mit Milch aufgießen. Joghurt einrühren und verkochen lassen. Danach erst den Senf und die Gurkenstücke darunterrühren und würzen.
Nierenscheiben in die Champignonsauce geben und nochmals heiß werden lassen.
Mit Petersilie bestreut servieren.

TIP: Dazu passen vorzüglich Teigwaren und Salat.

PRO PORTION:

3 E + 1 1/2 F + 1/2 G + 20 K

1184 Joule
282 Kalorien
24 g Eiweiß
14 g Fett
9 g Kohlenhydrate
0,79 BE

KALBSNIEREN MIT KRÄUTERSAUCE AUF TOAST

ZUTATEN FÜR 2 PORTIONEN:

1/2 Zwiebel, feingehackt
2 TL Pflanzenöl
240 g Kalbsnieren, Fett entfernt, in kleine Stücke geschnitten
1 MSP Streuwürze
je 1 Prise Majoran, Thymian, Salbei und Rosmarin
2 EL Petersilie, feingehackt
einige Tropfen Zitronensaft
2 EL Sauerrahm
60 g Toastbrot, getoastet

Zwiebel in erhitztem Öl hellgelb dünsten. Nieren beifügen, unter öfterem Wenden braten, bis sie nicht mehr roh sind. Würzen, Petersilie und Zitronensaft daruntermischen, zuletzt Sauerrahm beifügen.
Nieren auf dem Toastbrot verteilen.

TIP: Mit Salat servieren.
Dieses Rezept eignet sich auch sehr gut als Füllung einer Eieromelette (siehe Rezept „Eieromelette mit geschnetzelter Leber", Seite 118).

PRO PORTION:

1 F + 3 E + 30 K + 1 B

1525 Joule
362 Kalorien
24 g Eiweiß
14 g Fett
24 g Kohlenhydrate
2,25 BE

KALBSZUNGE MIT KRÄUTERSAUCE

ZUTATEN FÜR 2 PORTIONEN:

240 g Kalbszunge

Sauce:
1 EL Pflanzenöl
1/2 Zwiebel, feingehackt
1 Knoblauchzehe, gepreßt
4 Tomaten, kleingeschnitten
Salz, Pfeffer
1 Zweig frischer Majoran, gehackt
einige Blätter frisches Basilikum, gehackt, oder je 1 MSP getrocknete Kräuter

Petersilie, gehackt

Zunge in Salzwasser 1 1/2 Stunden leicht kochen lassen, die Haut abziehen, in Scheiben schneiden und schuppenartig anrichten.
Öl erhitzen, Zwiebel und Knoblauch dazugeben und hellgelb rösten. Tomaten beifügen, 15 Minuten kochen, durch ein Sieb streichen und dicklich einkochen. Würzen, Kräuter daruntermischen und aufkochen lassen. Sauce über die Zungenscheiben gießen und mit Petersilie bestreuen.

TIP: Wenn Sie Rindszunge verwenden, dann rechnen Sie mit 2 1/2 bis 3 Stunden Kochzeit.
Als Beilage empfehlen wir „Fisolen auf südländische Art" (Rezept Seite 124) und „Bouillon-Kartoffeln" (Rezept Seite 48).

PRO PORTION:

3 E + 1 1/2 F + 2 G

1217 Joule
291 Kalorien
23 g Eiweiß
15 g Fett
9 g Kohlenhydrate
0,74 BE

KRÄUTERLEBER

ZUTATEN FÜR 4 PORTIONEN:

480 g Kalbs- oder Schweinsleber, in Scheiben geschnitten
4 TL Pflanzenmargarine
Petersilie, Dille, Kresse
2 TL Mehl
1/8 l Rindsuppe (Würfel oder Extrakt)
Salz
etwas Thymian und Bohnenkraut

Leber pfeffern und bemehlen.
In heißer Margarine rasch auf beiden Seiten abbraten. Aus der Pfanne nehmen und warm stellen.
Alle Kräuter fein hacken und im Bratenfett kurz anlaufen lassen, mit Mehl stauben, mit Suppe aufgießen und salzen. Sauce einkochen lassen. Danach Thymian und Bohnenkraut dazugeben.
Sauce über die Leberscheiben gießen und sofort servieren.

TIP: Kartoffeln oder Reis schmecken sehr gut dazu, ebenso Salat und Gemüse natur.

PRO PORTION:

3 E + 1 F + 5 K

1053 Joule
252 Kalorien
26 g Eiweiß
12 g Fett
3 g Kohlenhydrate
0,36 BE

LEBER AUF BERLINER ART

ZUTATEN FÜR 2 PORTIONEN:

1/2 Glas Wasser
Saft von 1/2 Zitrone
1 kleiner Apfel, säuerliche Sorte, ungeschält, in dünne Scheiben geschnitten
1 Prise Muskatnuß
240 g Kalbsleber, in Scheiben geschnitten
2 TL Pflanzenöl
Salz, Pfeffer
1 Prise Thymian

Wasser mit Zitronensaft erhitzen, Apfelscheiben darin weich dünsten und würzen. Leber mit Öl bepinseln, grillen und danach würzen. Leber auf einem Teller anrichten und Apfelscheiben darüber verteilen.

TIP: Rinds- und Schweinsleber sind zwar etwas weniger zart als Kalbsleber, dafür jedoch bedeutend preisgünstiger.
Als Beilagen Rotkraut (Rezept Seite 125) und Petersilienkartoffeln servieren.

PRO PORTION:

1/2 O + 3 E + 1 F

1120 Joule
267 Kalorien
24 g Eiweiß
10 g Fett
12 g Kohlenhydrate
0,98 BE

LEBER MIT APFELMUS UND CHICORÉESALAT

ZUTATEN FÜR 2 PORTIONEN:

240 g Leber, in feine Streifen geschnitten
Salz, Peffer, Streuwürze, Currypulver
1/2 l Joghurt, bis 1%
2 kleine Äpfel, geschält, in Stücke geschnitten
flüssiger Süßstoff
Zitronenschale, von unbehandelter Frucht
2 Stangen Chicorée, Strunk entfernt, in Ringe geschnitten
2 TL Pflanzenöl
1 MSP Senf
Zitronensaft, Salz, Pfeffer, Zwiebelpulver

Leber in einer beschichteten Pfanne rösten. Mit 2–3 EL Wasser ablöschen, den Bratenfond lösen, würzen und 4 EL Joghurt unter die Sauce rühren.
Apfelstücke in sehr wenig Wasser dünsten, zu Mus rühren. Süßstoff und Zitronenschale daruntermischen.
Chicorée mit der Marinade aus restlichem Joghurt, Öl, Senf, Zitronensaft, Salz, Pfeffer und Zwiebelpulver übergießen, durchmischen und ziehen lassen.

TIP: Als Beilage dazu schmecken Kartoffeln sehr gut.

PRO PORTION:

3 E + 1 M + 1 O + 1 G + 1 F

1549 Joule
371 Kalorien
36 g Eiweiß
10 g Fett
23 g Kohlenhydrate
2,02 BE

LEBERRISOTTO

ZUTATEN FÜR 2 PORTIONEN:

2 TL Pflanzenmargarine
160 g Hühnerleber, würfelig geschnitten
1 kleine Zwiebel, feingehackt
100 g Champignons, blättrig geschnitten
Salz, Pfeffer
1 Knoblauchzehe, zerdrückt
100 g Reis
$^1/_4$ l Hühnerbouillon (Würfel oder Extrakt)
Petersilie, gehackt
4 TL Parmesan, gerieben

Margarine in einem Topf erhitzen, Leber und Zwiebel darin kurz anrösten. Champignons dazugeben und kurz dünsten lassen. Danach würzen.
Reis beigeben, mit Suppe aufgießen und zugedeckt weich dünsten. Öfters umrühren!
Petersilie unterrühren und mit Parmesan bestreut servieren.

PRO PORTION:

1 F + 2 E + $^1/_2$ G + 2 B + 20 K

1139 Joule
274 Kalorien
22 g Eiweiß
9 g Fett
18 g Kohlenhydrate
1,52 BE

LEBERSCHÜSSERLN MIT EI

ZUTATEN FÜR 2 PORTIONEN:

160 g Hühnerleber, in kleine Stücke geschnitten
Salz, Pfeffer
3 TL Pflanzenmargarine
2 Eier
2 TL Sauerrahm

Leber würzen und in 2 TL heißer Margarine anrösten.
2 kleine, feuerfeste Schüsserln mit restlicher Margarine befetten. Leber in die Schüsserln füllen und in jedes Schüsserl vorsichtig 1 Ei schlagen, damit der Eidotter nicht auseinanderfließt. Eier salzen und je 1 TL Sauerrahm aufsetzen.
In eine Kasserolle so viel Wasser geben, daß der Boden gut bedeckt ist. Schüsserln hineinstellen und Kasserolle zudecken. Die Eier ca. 5 Minuten im Dunst stocken lassen.

TIP: Petersilienkartoffeln und Blattsalat passen sehr gut dazu.

PRO PORTION:

3 E + 1$^1/_2$ F + 10 K

1204 Joule
288 Kalorien
25 g Eiweiß
18 g Fett
2 g Kohlenhydrate
0,15 BE

PFEFFERLEBER

ZUTATEN FÜR 2 PORTIONEN:

240 g Schweins- oder Kalbsleber, in Streifen geschnitten
2 TL Pflanzenmargarine
1 kleine Zwiebel, feingehackt
$^1/_2$ grüne Paprikaschote, in feine Streifen geschnitten
1 TL Mehl
etwas Bouillon
1 Knoblauchzehe, zerdrückt
Oregano, Salz, Pfeffer
$^1/_2$ EL grüne Pfefferkörner

Leberstreifen in heißer Margarine bräunen, öfters schwenken. Leber aus der Pfanne nehmen und warm stellen.
Zwiebel und Paprika im Bratenfett anrösten, mit Mehl stauben und mit Bouillon aufgießen. Saft einkochen lassen. Mit Knoblauch, Oregano, Salz und Pfeffer würzen und Pfefferkörner dazugeben.
Leber erst jetzt salzen, in die Sauce geben und erhitzen.
Sehr heiß servieren.

TIP: Als Beilage eignen sich Teigwaren, gedünstete Kohlsprossen und Karotten.

PRO PORTION:

3 E + 1 F + $^1/_2$ G + 5 K

1234 Joule
295 Kalorien
27 g Eiweiß
13 g Fett
9 g Kohlenhydrate
0,83 BE

GEMÜSE ALS BEILAGE

BLAUKRAUTSALAT

ZUTATEN FÜR 4 PORTIONEN:

500 g Blaukraut, feingehobelt
$^1/_2$ TL Kräutersalz
Saft von 1 Zitrone
8 TL Pflanzenöl
50 g Zwiebeln, feingehackt
2 kleine Äpfel, würfelig geschnitten
1 EL Sonnenblumenkerne, gehackt

Kraut mit Salz bestreuen und gut abmischen. Zugedeckt 1 Stunde ziehen lassen.
Zitronensaft mit Öl cremig rühren, Zwiebeln, Äpfel und Sonnenblumenkerne dazugeben. Alles über das vorbereitete Kraut geben und gut mischen.

PRO PORTION:

1 G + 2 F + $^1/_2$ O + 15 K

782 Joule
186 Kalorien
3 g Eiweiß
12 g Fett
11 g Kohlenhydrate
0,92 BE

CHAMPIGNONS „À LA ITALIENNE“

ZUTATEN FÜR 2 PORTIONEN:

Sauce:
1 EL grobkörniger Senf
1 EL milder Rotweinessig
Salz, Pfeffer
2 TL Olivenöl

250 g Champignons, halbiert
1 Zwiebel, gehackt
1 TL Olivenöl
2 Fleischtomaten, würfelig geschnitten
2 EL Parmesan, gerieben
einige Basilikumblätter

Zutaten für die Sauce gut vermischen.
Champignons und Zwiebel in Öl dünsten und noch warm mit der Sauce mischen. Tomatenwürfel vorsichtig daruntermengen.
Vor dem Servieren mit dem Käse bestreuen und mit Basilikum garnieren.

PRO PORTION:

1$^1/_2$ F + 2$^1/_2$ G + 30 K

696 Joule
167 Kalorien
8 g Eiweiß
9 g Fett
9 g Kohlenhydrate
0,74 BE

FISOLEN AUF SÜDLÄNDISCHE ART

ZUTATEN FÜR 2 PORTIONEN:

1 EL Pflanzenöl
$^1/_2$ Zwiebel, feingehackt
je eine halbe rote und gelbe Paprikaschote, in feine Streifen geschnitten
1 Knoblauchzehe
300 g Fisolen
1 EL frisches Bohnenkraut, gehackt
ca. $^1/_4$ l Bouillon
Salz
Pfeffer, frisch gemahlen

Öl erhitzen, Zwiebel hellgelb dünsten. Paprika kurz mitdünsten und Knoblauch dazupressen. Fisolen mitdünsten, Bohnenkraut beifügen, mit Bouillon aufgießen und 30 bis 50 Minuten dämpfen.
Mit Salz und Pfeffer würzen.

PRO PORTION:

1$^1/_2$ F + 2 G

857 Joule
206 Kalorien
9 g Eiweiß
11 g Fett
14 g Kohlenhydrate
1,10 BE

GURKEN - ZWIEBEL - SAUCE

ZUTATEN FÜR 1 PORTION:

1 EL Wasser
1 TL Pflanzenöl
1 EL Essig
1 TL Sherry
50 g Gewürzgurken, sehr fein gehackt
50 g Zwiebeln, sehr fein gehackt
Petersilie, sehr fein gehackt
Salz, weißer Pfeffer

Wasser, Öl, Essig und Sherry gut verschlagen.
Gurken, Zwiebeln und Petersilie mit der Marinade vermischen und würzen.

PRO PORTION:

1 F + 10 K + 1 G

347 Joule
82 Kalorien
2 g Eiweiß
5 g Fett
4 g Kohlenhydrate
0,39 BE

KARFIOL MIT GRÜNER SAUCE

ZUTATEN FÜR 2 PORTIONEN:

1 Karfiol, in Röschen geteilt
Salz
1 Suppenwürfel
2 TL Pflanzenmargarine
2 TL Mehl
2 EL Obers
4 EL Petersilie, gehackt
2 EL Basilikum, gehackt
je 1 EL Borretsch und Zitronenmelisse, gehackt

Karfiolröschen in Salzwasser bißfest kochen, abseihen und warm stellen. Suppenwürfel in 1/4 l Karfiolwasser auflösen.
In einer Kasserolle Margarine erhitzen, Mehl einrühren und mit Suppe ablöschen. Zuletzt das Obers und alle Kräuter einrühren.
Karfiolröschen anrichten und mit grüner Sauce übergießen.

TIP: Dieses Gemüse paßt vorzüglich zu gekochtem Schinken und Geselchtem.

PRO PORTION:

2 1/2 G + 1 F + 60 K

627 Joule
148 Kalorien
7 g Eiweiß
9 g Fett
7 g Kohlenhydrate
0,70 BE

ROTKRAUT

ZUTATEN FÜR 2 PORTIONEN:

300 g Rotkraut, in feine Streifen geschnitten
1/2 Zwiebel, feingehackt
2 TL Pflanzenöl
2 dl Bouillon (12 EL)
je eine Prise Nelkenpulver, Pfeffer und Thymian
1 EL Essig

Rotkraut mit der Zwiebel im erhitzten Öl gut durchdünsten. Bouillon dazugießen, Gewürze und Essig beifügen, gut umrühren und ca. eine 3/4 Stunde kochen.

TIP: Im Druckkochtopf ist das Rotkraut in 5 bis 10 Minuten gar. Dann nur 6 EL Bouillon beifügen.

PRO PORTION:

1 1/2 G + 1 F

440 Joule
105 Kalorien
3 g Eiweiß
5 g Fett
9 g Kohlenhydrate
0,72 BE

SELLERIE - ROHKOST

ZUTATEN FÜR 4 PORTIONEN:

1 große Sellerieknolle
Salz
Saft von 1 Zitrone
2 kleine Äpfel, in dünne Scheiben geschnitten
200 g Ananas, kleinwürfelig geschnitten
flüssiger Süßstoff
Salz, Pfeffer
2 EL Mayonnaise, 50%

Sellerie schälen, in sehr feine Streifen schneiden, salzen, mit Zitronensaft beträufeln, mit einem Brett beschweren und 30 Minuten ziehen lassen.
Selleriestreifen auflockern, mit Apfelscheiben und Ananasstückchen vermengen, Süßstoff beifügen, pfeffern und nachsalzen, dann die Mayonnaise untermischen.
Vor dem Servieren mindestens 1 Stunde ziehen lassen.

PRO PORTION:

1 G + 1 O + 1 F

452 Joule
108 Kalorien
0 g Eiweiß
4 g Fett
13 g Kohlenhydrate
1,14 BE

PIKANTES WEISSKRAUT

Zutaten für 4 Portionen:

2 EL Pflanzenöl
1 TL Zucker
1 Zwiebel, in Streifen geschnitten
1/8 l Weißwein
1 EL Essig
500 g Weißkraut, feingehobelt
Salz, Pfeffer
1 kleiner Apfel, geschält, kleingeschnitten
1 TL Kümmel
Streuwürze

Öl in einer größeren Kasserolle erhitzen und Zucker darin hell bräunen. Zwiebel dazugeben und goldgelb rösten, mit Wein und Essig ablöschen.
Kraut in die Kasserolle geben, salzen und pfeffern. Apfelstücke, Kümmel, Streuwürze dazumischen und zugedeckt weich dünsten.
Öfters umrühren und, wenn notwendig, Wasser zugießen, damit das Kraut nicht zu trocken wird und sich nicht anlegt.

Tip: Dieses Gericht und Kartoffeln passen sehr gut zu gekochtem Rindfleisch.
Kraut eignet sich hervorragend zum Einfrieren und Aufwärmen.

Pro Portion:

1 1/2 F + 50 K + 1 1/2 G

634 Joule
152 Kalorien
2 g Eiweiß
8 g Fett
10 g Kohlenhydrate
0,84 BE

ZUCCHINI - MOUSSE MIT SAUCE VINAIGRETTE

Zutaten für 2 Portionen:

500 g Zucchini, in Scheiben geschnitten
1 dl Wasser
Salz, Pfeffer
etwas Safran, Basilikum
1 Gemüsebouillonwürfel
1 1/2 EL Crème fraîche
4 Blatt Gelatine

Sauce:
Balsamessig
Salz, Pfeffer
1 Schalotte, feingehackt
1 Tomate, enthäutet, entkernt, feingewürfelt
1 TL Pflanzenöl

frische Basilikumblätter

Zucchinischeiben im Wasser mit Salz, Pfeffer, Safran, Basilikum und Bouillonwürfel weich kochen, danach pürieren und Crème fraîche unterrühren.
Gelatine nach Vorschrift einweichen, in 1 EL heißem Wasser auflösen und unter die Gemüsemasse rühren. Einige Stunden kalt stellen, dazwischen öfters umrühren.
Aus den restlichen Zutaten die Sauce vinaigrette zubereiten. Aus der Zucchinimasse mit einem großen Löffel Nockerln ausstechen und mit Sauce vinaigrette anrichten. Mit Basilikumblättern garnieren.

Pro Portion:

2 1/2 G + 50 K + 1/2 F

580 Joule
139 Kalorien
10 g Eiweiß
5 g Fett
10 g Kohlenhydrate
0,89 BE

SALATE

APFEL - SELLERIE - SALAT MIT HUHN

ZUTATEN FÜR 2 PORTIONEN:

180 g Hühnerbrust, gekocht oder gebraten, in Stücke geschnitten
200 g Sellerieknolle, gekocht, würfelig geschnitten
1 kleiner Apfel, in kleine Stücke geschnitten
2 TL Pflanzenöl
1 EL Essig
1/2 TL Kren, gerieben
Selleriesalz, Pfeffer
Paprika- und Zwiebelpulver

Huhn, Sellerie und Apfel vermengen.
Aus den restlichen Zutaten eine Marinade zubereiten, über den Salat gießen und gut vermischen.
Kühl stellen und 1 Stunde ziehen lassen.

TIP: Richten Sie diesen Salat auf Salatblättern an und reichen Sie dazu Vollkornbrot.

PRO PORTION:

3 E + 1 G + 1/2 O + 1 F

1088 Joule
259 Kalorien
18 g Eiweiß
15 g Fett
8 g Kohlenhydrate
0,66 BE

BROKKOLI - TOMATEN - SALAT

ZUTATEN FÜR 4 PORTIONEN:

350 g Brokkoli, in kleine Röschen geteilt
500 g Tomaten, geachtelt

Salatcreme:
6 EL Schlagobers, geschlagen
2 EL Sauerrahm
1/2 EL Kräutersenf
Kräutersalz
Salatkräuter, getrocknet
1 Knoblauchzehe, feingehackt
Schnittlauch, feingeschnitten
Dille, feingehackt

Brokkoli und Tomaten abwechselnd kreisförmig auf 4 Salatteller verteilen. In der Mitte Platz für die Salatcreme freilassen.
Unter das Schlagobers Sauerrahm, Senf, Salz und Kräuter rühren. Knoblauch, Schnittlauch und Dille unterziehen. Salatcreme in die Mitte der Salatteller gießen.

TIP: Diese Salatcreme läßt sich mit Magertopfen gut erweitern.
Verschiedene Gewürze ergeben Abwechslung. Die Creme schmeckt auch vorzüglich, wenn Kren untergemischt wird.

PRO PORTION:

2 G + 65 K

569 Joule
137 Kalorien
5 g Eiweiß
8 g Fett
8 g Kohlenhydrate
0,66 BE

BUNTER RINDFLEISCHSALAT

ZUTATEN FÜR 1 PORTION:

50 g Karotten, grobgeraspelt
50 g Fenchel, in feine Streifen geschnitten
150 g Salatgurke, in Scheiben geschnitten
einige Salatblätter, in mundgerechte Stücke zerpflückt
150 g Wassermelone, würfelig geschnitten oder in Kugeln ausgestochen

Marinade:
2 EL Joghurt, bis 1%
1 EL Zitronensaft
1 TL Streuwürze
Pfeffer, frisch gemahlen
2 EL Schnittlauch, feingeschnitten

60 g Rindfleisch, gekocht, dünngeschnitten

Gemüse und Melone bunt gemischt auf einem Teller anrichten. Für die Salatsauce alle Zutaten zusammen verrühren und über den angerichteten Salat verteilen. Rindfleisch daneben anrichten.

TIP: Servieren Sie dazu Vollkornbrot.
Auch Krentopfen, wie im Rezept auf Seite 78 angegeben, paßt ausgezeichnet zu kaltem, gekochtem Rindfleisch.

PRO PORTION:

3 G + 1 O + 10 K + 2 E

973 Joule
232 Kalorien
19 g Eiweiß
3 g Fett
22 g Kohlenhydrate
1,76 BE

Dinkel-Paprika-Salat, siehe Rezept Seite 130 ▶

DINKEL - PAPRIKA - SALAT

ZUTATEN FÜR 2 PORTIONEN:

75 g Dinkel

Marinade:
1 TL Buttermilch
Kräutersalz
1 TL Zitronensaft
2 TL Sonnenblumenöl

je 1/2 grüne, gelbe und rote Paprikaschote, in feine Streifen geschnitten
1 kleine Zwiebel, feingehackt

Dinkel nach Angabe auf der Verpackung garen.
Zutaten für die Marinade verrühren und mit dem noch warmen Dinkel mischen. Paprika und Zwiebel daruntermischen.
Vor dem Servieren einige Zeit ziehen lassen.

PRO PORTION:

1 1/2 B + 1 F + 1 1/2 G

866 Joule
206 Kalorien
7 g Eiweiß
6 g Fett
28 g Kohlenhydrate
2,41 BE

FRÜHLINGSSALAT MIT HUHN

ZUTATEN FÜR 4 PORTIONEN:

Marinade:
1 EL Rotweinessig
4 TL Pflanzenöl
Salz, weißer Pfeffer
1 Knoblauchzehe, gepreßt
1 TL Kräuter, feingehackt (Kerbel, Oregano, Petersilie)

Kopfsalat, Friséesalat
Lollo rosso, Eisbergsalat
Radieschen, blättrig geschnitten
360 g Huhn, gebraten, in Streifen geschnitten
Schnittlauch, feingeschnitten

Die Zutaten für die Marinade mit dem Schneebesen gut vermischen.
Salatblätter und Radieschen auf einem großen Teller anrichten und mit Marinade übergießen.
Huhn darauf verteilen und mit Schnittlauch bestreut servieren.

TIP: Putenwurst, österreichischer Schafkäse und auch Thunfisch eignen sich gut als Eiweiß zu diesem Frühlingssalat.

PRO PORTION:

1 F + 2 G + 3 E

808 Joule
193 Kalorien
13 g Eiweiß
12 g Fett
1 g Kohlenhydrate
0,21 BE

FEINER FISCHSALAT

ZUTATEN FÜR 2 PORTIONEN:

180 g geräucherte Forellenfilets
2 Tomaten, würfelig geschnitten
2 Gewürzgurken, in dünne Scheiben geschnitten
1 kleiner Apfel, in kleine Würfel geschnitten
2 TL Kapern, gehackt
3 EL Sauerrahm
4 EL Joghurt, bis 1%
Salz, Pfeffer
Paprika- und Currypulver
Streuwürze
Schnittlauch

Fischfilets in Stücke schneiden und mit Tomaten, Gewürzgurken, Apfel und Kapern vermengen.
Für die Sauce Sauerrahm und Joghurt gut durchschlagen, mit Salz, Pfeffer, Paprikapulver, Currypulver und Streuwürze würzen.
Den Salat auf Tellern anrichten, mit der Sauce übergießen und mit Schnittlauch bestreut servieren.

TIP: Zu diesem Salat schmeckt vorzüglich getoastetes Weißbrot.

PRO PORTION:

3 E + 1 1/2 G + 1/2 O + 55 K

1132 Joule
270 Kalorien
32 g Eiweiß
6 g Fett
12 g Kohlenhydrate
0,97 BE

Lucullus-Salat, siehe Rezept Seite 133 ▶

GRIECHISCHER BAUERNSALAT

ZUTATEN FÜR 1 PORTION:

einige Salatblätter, in mundgerechte Stücke zerteilt
150 g Salatgurke, in Scheiben geschnitten
5 Radieschen, in Scheiben geschnitten
2 mittelgroße, feste Tomaten, in Spalten geteilt
50 g Zwiebeln, in feine Streifen geschnitten

Marinade:
$^1/_2$ EL Essig
2 TL Olivenöl
Salz, Pfeffer, Oregano

80 g österr. Schafkäse, würfelig geschnitten
30 g Sardellenfilets, in Stücke geschnitten
2 kleine Oliven, kernlos, in Scheiben geschnitten

Gemüse vorsichtig vermischen.
Zutaten für die Marinade zusammen verrühren und über den Salat geben.
Käse, Sardellen und Oliven über den Salat verteilen.

PRO PORTION:

5 G + 2 F + 2 E + 10 K

1871 Joule
446 Kalorien
25 g Eiweiß
28 g Fett
15 g Kohlenhydrate
1,24 BE

HÜHNERSALAT MIT FRÜCHTEN

ZUTATEN FÜR 4 PORTIONEN:

Marinade:
2 EL Mayonnaise, 50%
2 EL Ketchup
Salz
Saft von $^1/_2$ Zitrone

360 g Hühnerfleisch, gekocht oder gebraten, kleingeschnitten
100 g Ananas, kleingeschnitten
1 mittelgroße Orange, geschält, kleingeschnitten
400 g Spargelspitzen, gekocht oder aus dem Glas
Salatblätter
4 Tomaten, geachtelt

Aus Mayonnaise, Ketchup, Salz und Zitronensaft eine Marinade zubereiten.
Huhn und Obststücke gut mit der Marinade vermischen.
Spargelspitzen vorsichtig daruntermengen.
Teller mit Salatblättern auslegen, Hühnersalat darauf anrichten und mit Tomaten garnieren.

PRO PORTION:

1 F + 10 K + 3 E + $^1/_2$ O + 2 G

1247 Joule
298 Kalorien
25 g Eiweiß
8 g Fett
24 g Kohlenhydrate
2,07 BE

INDISCHER GEFLÜGELSALAT

ZUTATEN FÜR 1 PORTION:

Salatcreme:
50 g Magertopfen
1 EL Sauerrahm
$^1/_2$ EL Zitronensaft
$^1/_2$ TL Streuwürze
1 TL Currypulver

$^1/_2$ kleiner Apfel, ungeschält, in dünne Scheiben geschnitten
50 g Ananas, in Stücke geschnitten
90 g Huhn, gekocht, in längliche Stücke geschnitten
1 EL Schnittlauch, feingeschnitten

Zutaten für die Salatcreme glattrühren.
Apfel und Ananas mit der Creme vermischen und Hühnerfleisch daruntermengen.
Mit Schnittlauch bestreut servieren.

TIP: Mit Tomatenscheiben und Paprikastreifen läßt sich dieser Geflügelsalat schön garnieren.

PRO PORTION:

$3^1/_2$ E + 30 K + 1 O

1470 Joule
351 Kalorien
24 g Eiweiß
18 g Fett
12 g Kohlenhydrate
1,07 BE

KARFIOLSALAT MIT KAROTTEN

ZUTATEN FÜR 4 PORTIONEN:

500 g Karfiol, gekocht, in Röschen geteilt
400 g Karotten, geraspelt
etwas Kräutersalz
150 g Blattsalat

Marinade:
1/4 l Buttermilch
4 TL Sonnenblumenöl
2 TL körniger Senf
2 MSP Anis, gemahlen
1 Bund Schnittlauch, feingeschnitten

Karfiol und Karotten mit Kräutersalz vermischen.
Blattsalat waschen, gut abtropfen lassen und auf 4 Teller verteilen.
Buttermilch mit Öl, Senf, Anis und Schnittlauch verrühren, Karfiol und Karotten dazugeben und vermengen, auf dem Blattsalat anrichten.

PRO PORTION:

2 1/2 G + 20 K + 1 F

618 Joule
147 Kalorien
8 g Eiweiß
5 g Fett
12 g Kohlenhydrate
1,07 BE

LEICHTER GEFLÜGELSALAT

ZUTATEN FÜR 4 PORTIONEN:

Marinade:
4 EL Essig
1 TL Senf
4 TL Pflanzenöl

200 g Kopfsalat, kleingeschnitten
4 mittelgroße Orangen, geschält, in Scheiben geschnitten
200 g Frühlingszwiebeln, längs halbiert, von 2/3 das Grün entfernt
400 g Spargel, gekocht
240 g Hühnerbrust, gegrillt, in Scheiben geschnitten
1/2 Bund Petersilie, feingehackt

Aus Essig, Senf und Öl eine Marinade zubereiten.
Salat mit der halben Menge der Marinade übergießen und auf einem Teller anrichten.
Orangenscheiben darauflegen. Zwiebeln und Spargel mit der restlichen Marinade vermischen und auf den Orangenscheiben verteilen.
Huhn darauf anrichten und mit Petersilie bestreut servieren.

PRO PORTION:

1 F + 2 G + 1 O + 2 E

1244 Joule
297 Kalorien
19 g Eiweiß
16 g Fett
15 g Kohlenhydrate
1,23 BE

LUCULLUS - SALAT

ZUTATEN FÜR 4 PORTIONEN:

2 kleine Äpfel, ungeschält, in dünne Stifte geschnitten
80 g Weintrauben, halbiert
1 mittelgroße Orange, geschält, in kleine Stücke geschnitten
200 g Stangensellerie, in feine Streifen geschnitten

Marinade:
4 TL Pflanzenöl
160 g Topfen, 10%
1 EL Zitronensaft
2 EL Magermilch
flüssiger Süßstoff, Salz, Pfeffer, Paprikapulver

Obst und Sellerie vermengen, mit der Marinade vermischen und pikant würzen.

PRO PORTION:

1 O + 1/2 G + 1 F + 1/2 E

548 Joule
130 Kalorien
6 g Eiweiß
5 g Fett
11 g Kohlenhydrate
0,97 BE

MELANZANI - SALAT

ZUTATEN FÜR 4 PORTIONEN:

400 g Melanzani, in 1/2 cm dicke Scheiben geschnitten

Marinade:
2 EL Mayonnaise, 50%
1/8 l Joghurt, bis 1%
1 TL Zitronensaft
1 EL Senf
flüssiger Süßstoff, Oregano, Salz, Pfeffer

1/2 Zwiebel, feingehackt
Petersilie, gehackt

Reichlich Salzwasser zum Kochen bringen,Melanzani einlegen und ca. 5 Minuten stark kochen lassen. Abgießen, kalt abspülen und abtropfen lassen.
Für die Marinade alle Zutaten vermischen und glattrühren.
Melanzani, Zwiebel und Petersilie in die Marinade geben, gut vermengen, kalt stellen und einige Zeit ziehen lassen.

TIP: Dieser Salat eignet sich ausgezeichnet als Vorspeise. Schmeckt auch vorzüglich zu kaltem Braten.

PRO PORTION:

1 G + 1 F + 10 K

367 Joule
88 Kalorien
2 g Eiweiß
4 g Fett
8 g Kohlenhydrate
0,64 BE

ORIENTALISCHER HIRSESALAT

ZUTATEN FÜR 2 PORTIONEN:

75 g Hirse
Salz

Marinade:
1 EL Zitronensaft
3 EL Gemüsebouillon
Pfeffer
2 TL Olivenöl

1 Salatgurke, geschält, entkernt, würfelig geschnitten
2 Tomaten, würfelig geschnitten
1 EL Kürbiskerne
einige Pfefferminzblätter

Hirse heiß durchschwemmen und in Salzwasser 15 Minuten kochen.
Zutaten für die Marinade verrühren und vorsichtig mit Hirse, Gurken- und Tomatenwürfeln vermischen. Etwas ziehen lassen. Mit Kürbiskernen und Pfefferminze garniert servieren.

TIP: Ergänzen Sie diesen Salat mit Tofu, und Sie haben eine komplette Vollwertmahlzeit.

PRO PORTION:

1 1/2 B + 1 F + 2 G + 30 K

1079 Joule
258 Kalorien
10 g Eiweiß
11 g Fett
25 g Kohlenhydrate
2,11 BE

PIKANTER KAROTTENSALAT

ZUTATEN FÜR 2 PORTIONEN:

300 g Karotten, in Scheiben geschnitten
1 kleine Stange Lauch, in Streifen geschnitten
1 kleiner Apfel, in dünne Scheiben geschnitten
Salz, Pfeffer
1 TL Senf
1 EL Zitronensaft
2 EL Joghurt, 1%
1 TL Sauerrahm
2 TL Pflanzenöl
einige Salatblätter
1 TL Sonnenblumenkerne, gehackt

Karottenscheiben nur kurz dämpfen, damit sie nicht zu weich werden, und mit den Lauchstreifen und den Apfelscheiben vermischen.
Aus Salz, Pfeffer, Senf, Zitronensaft, Joghurt, Sauerrahm und Öl eine Marinade zubereiten, über die Karotten gießen, vermischen und durchziehen lassen.
Auf Salatblättern anrichten und mit Sonnenblumenkernen bestreuen.

PRO PORTION:

2 G + 1/2 O + 20 K + 1 F

669 Joule
160 Kalorien
5 g Eiweiß
6 g Fett
16 g Kohlenhydrate
1,31 BE

Salat mit Spargelspitzen, siehe Rezept Seite 136 ▶

RINDFLEISCHSALAT

ZUTATEN FÜR 4 PORTIONEN:

Marinade:
1 EL Senf
2 EL Essig
2 EL Pflanzenöl
$^1/_2$ Knoblauchzehe, zerdrückt
1 Spritzer Worcestersauce
1 TL Paprikapulver, edelsüß
flüssiger Süßstoff
Salz, Pfeffer

300 g Rindfleisch, gekocht, in Scheiben geschnitten
2 Eier, hartgekocht, in Scheiben geschnitten
1 kleine Zwiebel, feingehackt
2 Tomaten, würfelig geschnitten
1 grüne Paprikaschote, in feine Streifen geschnitten
Schnittlauch, feingeschnitten

Die Zutaten für die Marinade glattrühren.
Alle Zutaten gut miteinander vermengen und den fertigen Salat mindestens 1 Stunde ziehen lassen.

PRO PORTION:

$1^1/_2$ F + 3 E + 1 G

1292 Joule
308 Kalorien
23 g Eiweiß
15 g Fett
10 g Kohlenhydrate
0,90 BE

RINDFLEISCHSALAT AUF RETTICH

ZUTATEN FÜR 2 PORTIONEN:

Marinade:
1 TL grobkörniger Senf
1 EL Rotweinessig
Salz, Pfeffer
2 TL Sonnenblumenöl

180 g Rindfleisch, gekocht, in dünne Scheiben geschnitten
1 Rettich, in lange, dünne Streifen geschnitten
1 rote Zwiebel, in Ringe geschnitten

Die Zutaten für die Marinade gut verrühren und Fleisch daruntermengen.
Rettichstreifen auf 2 große Teller aufteilen, Rindfleischsalat darauf anrichten und mit Zwiebelringen garnieren.

TIP: Mit dem Schäler lassen sich sehr einfach dünne, lange Rettichstreifen schneiden bzw. schälen.

PRO PORTION:

1 F + 3 E + 1 G

903 Joule
217 Kalorien
22 g Eiweiß
10 g Fett
5 g Kohlenhydrate
0,38 BE

SALAT MIT SPARGELSPITZEN

ZUTATEN FÜR 4 PORTIONEN:

500 g Spargelspitzen
Blattsalate (Kopfsalat, Chicorée, Eissalat)

Marinade:
2 EL Spargelwasser
2 EL Mayonnaise, 50%
5 TL Sauerrahm
1 EL Apfelessig
2 TL Sherry
$^1/_2$ Bund Dille, feingehackt
Meersalz, weißer Pfeffer

1 TL Sonnenblumenkerne, gehackt

Spargel über Dampf weich kochen. Erkalten lassen.
Salatteller mit Spargelspitzen und Salaten belegen, mit Marinade übergießen und mit Kernen bestreut servieren.

TIP: Die Endstücke der Spargel lassen sich gut für eine Spargelcremesuppe verwenden.

PRO PORTION:

$2^1/_2$ G + 1 F + 20 K

398 Joule
96 Kalorien
3 g Eiweiß
5 g Fett
4 g Kohlenhydrate
0,47 BE

SAUERKRAUT-PAPRIKA-SALAT

ZUTATEN FÜR 1 PORTION:

60 g Hühner- oder Putenbrust, gedünstet oder gekocht, in Streifen geschnitten
100 g Sauerkraut, zerpflückt
100 g Paprika, in feine Streifen geschnitten
100 g Karotten, in feine Streifen geschnitten
1/2 kleiner Apfel, in feine Streifen geschnitten

Marinade:
1 EL Essig
1 TL Pflanzenöl
1 EL Wasser
Salz, Pfeffer
flüssiger Süßstoff

Fleisch mit Gemüse und Apfelstreifen vermischen.
Aus Essig, Öl, Wasser, Salz, Pfeffer und Süßstoff eine Marinade zubereiten und über den Salat gießen. Durchmischen und einige Zeit ziehen lassen.

TIP: Servieren Sie dazu Vollkornbrot.

PRO PORTION:

2 E + 3 G + 1/2 O + 1 F

917 Joule
218 Kalorien
19 g Eiweiß
7 g Fett
14 g Kohlenhydrate
1,14 BE

SPARGELSALAT MIT LACHS

ZUTATEN FÜR 4 PORTIONEN:

1 kg Spargel
1 Zitronenscheibe
1 TL Pflanzenmargarine

Marinade:
Saft von 1 Zitrone
2 EL Olivenöl
Salz
schwarzer Pfeffer, frisch gemahlen
frischer Kerbel, feingehackt

100 g Champignons, in Scheiben geschnitten
480 g frischer Lachs, in dicke Scheiben geschnitten
2 EL Olivenöl
Salz, Pfeffer

Spargelköpfe 3 bis 4 cm abschneiden, in einen Topf geben und mit Wasser auffüllen, bis das Gemüse knapp bedeckt ist. Salz, Zitronenscheibe und Margarine dazugeben.
Die Spargelköpfe kernig kochen, herausnehmen und abtropfen lassen.
Zitronensaft, Öl, Salz, Pfeffer und Kerbel zu einer Marinade verrühren.
Spargelköpfe und Champignons auf einem Teller anrichten und Marinade darübergießen.
Den Lachs in Öl bei mäßiger Hitze 2 bis 3 Minuten andämpfen. Mit Salz und Pfeffer würzen und über den Salat verteilen.
Der Salat schmeckt besonders gut, wenn der Lachs noch lauwarm ist.

TIP: Die restlichen Spargelstangen für eine Suppe (Rezept Seite 26) verwenden.

PRO PORTION:

1 1/2 G + 10 K + 3 F + 3 E

1577 Joule
378 Kalorien
35 g Eiweiß
20 g Fett
7 g Kohlenhydrate
0,62 BE

SCHINKEN - KREN - SALAT

ZUTATEN FÜR 4 PORTIONEN:

Marinade:
2 EL Mayonnaise, 50%
Saft von 1/2 Zitrone
Worcestersauce, Salz, Pfeffer

240 g Schinken, in dünne Streifen geschnitten
1/2 Zwiebel, kleingehackt
100 g Champignons, aus dem Glas, dünnblättrig geschnitten
1 EL Kren, frisch gerieben
240 g Erbsen, gekocht
Salatblätter

Die Zutaten für die Marinade gut verrühren, über die anderen Zutaten gießen und durchmischen, auf Salatblättern anrichten.

TIP: Diesen Salat mit Tomatenscheiben und Paprikastreifen garnieren. Vollkornbrot dazureichen, und eine komplette Mahlzeit ist fertig.

PRO PORTION:

1 F + 2 E + 1/2 G + 1/2 B

1067 Joule
255 Kalorien
16 g Eiweiß
14 g Fett
9 g Kohlenhydrate
0,89 BE

TOMATENSALAT MIT OREGANO

ZUTATEN FÜR 2 PORTIONEN:

4 feste Tomaten, in Scheiben geschnitten
1/2 Zwiebel, gehackt
1 EL frischer Oregano, gehackt, oder
1 TL getrockneter Oregano

Marinade:
2 TL Sonnenblumenöl
1 EL Essig oder Zitronensaft
Streuwürze, Salz
Pfeffer, frisch gemahlen

Tomatenscheiben auf eine Platte legen, Zwiebel darauf verteilen, Oregano darüberstreuen.
Aus den restlichen Zutaten eine Marinade zubereiten und über die Tomaten gießen.

PRO PORTION:

4 G + 1 F

386 Joule
93 Kalorien
2 g Eiweiß
5 g Fett
7 g Kohlenhydrate
0,54 BE

WÜRZIGER FENCHELSALAT MIT SCHAFKÄSE

ZUTATEN FÜR 2 PORTIONEN:

300 g Fenchel, in Streifen geschnitten

Marinade:
1 TL grobkörniger Senf
1 EL milder Rotweinessig
Salz, Pfeffer
2 TL Olivenöl

80 g österr. Schafkäse
8 schwarze Oliven

Fenchel knackig garen.
Zutaten für die Marinade verrühren und über den noch warmen Fenchel gießen.
Vor dem Servieren mit zerbröckeltem Schafkäse und den Oliven garnieren.

TIP: Dieser Salat eignet sich sehr gut als Vorspeise. Sollten Sie diesen Salat als Hauptspeise anbieten, dann erhöhen Sie die Menge bei Schafkäse.

PRO PORTION:

1 1/2 G + 1 F +
1/2 E + 20 K

913 Joule
218 Kalorien
11 g Eiweiß
15 g Fett
7 g Kohlenhydrate
0,55 BE

ZUCCHINISALAT

ZUTATEN FÜR 2 PORTIONEN:

Marinade:
2 EL Joghurt, bis 1%
1 TL milder Senf
Kräutersalz
2 Knoblauchzehen, gepreßt
2 TL Sonnenblumenöl

300 g Zucchini, in feine Scheiben geschnitten

Zutaten für die Marinade gut verrühren und mit den Zucchinischeiben vermengen.

PRO PORTION:

5 K + 1 F + 1 1/2 G

367 Joule
88 Kalorien
2 g Eiweiß
5 g Fett
4 g Kohlenhydrate
0,43 BE

MEHLSPEISEN

BIRNENSTRUDEL

ZUTATEN FÜR 6 PORTIONEN:

150 g Strudelteig
2 EL Pflanzenmargarine, zerlassen
3 EL Brösel
3 EL Weizenkleie
9 kleine Birnen (oder 4 1/2 große)
1 EL Vanillezucker
Streusüßstoff
Zimt
Zitronenschale, gerieben, von unbehandelter Frucht
20 g Rosinen
40 g Zwetschken, getrocknet, kleingeschnitten

Strudelteig auf ein feuchtes Tuch legen, mit 1 EL Margarine beträufeln, mit Bröseln und Weizenkleie bestreuen.
Birnen schälen, halbieren, Kerngehäuse ausstechen, kleinschneiden und 2/3 des Teiges damit belegen. Vanillezucker, Süßstoff, Zimt, Zitronenschale, Rosinen und Zwetschken darüber verteilen.
Strudel fest einrollen und auf ein mit Back-Papier ausgelegtes Backblech legen.
Strudel mit restlicher Margarine bestreichen und im vorgeheizten Rohr bei 250° C 30 Minuten backen.

TIP: Dieser Birnenstrudel kann lauwarm oder kalt serviert werden.

PRO PORTION:

1 B + 1 F + 2 O + 10 K

1099 Joule
263 Kalorien
4 g Eiweiß
7 g Fett
40 g Kohlenhydrate
3,41 BE

SCHEITERHAUFEN MIT ZWETSCHKEN

ZUTATEN FÜR 4 PORTIONEN:

240 g Semmeln, in dünne Scheiben geschnitten
4 TL Pflanzenmargarine
16 Stück Zwetschken, entkernt, je in 4 Spalten geteilt

Guß:
4 Eier
flüssiger Süßstoff
3/8 l Magermilch
Zimtpulver

Semmelscheiben in 2 TL Margarine anrösten.
Eine Auflaufform mit restlicher Margarine befetten. Lagenweise Brot und Zwetschken hineinlegen, als oberste Schichte Brot.
Für den Guß Eier, Süßstoff, Milch und Zimt verrühren und über den Auflauf gießen.
Im vorgeheizten Rohr bei 220° C 35 Minuten backen.
Heiß servieren.

PRO PORTION:

2 B + 1 F + 1 O + 1 E + 35 K

1591 Joule
381 Kalorien
16 g Eiweiß
12 g Fett
45 g Kohlenhydrate
3,74 BE

TEERÖLLCHEN

ZUTATEN FÜR 4 PORTIONEN:

4 Eier
4 EL Staubzucker
4 EL Streusüßstoff
5 EL Mehl
1 EL Vanillezucker
4 TL Pflanzenmargarine

Eier, Zucker und Streusüße schaumig rühren, Mehl und Vanillezucker einrühren (es entsteht eine nicht sehr dickflüssige Masse).
Mit einem Messer oder einer kleinen Teigkarte dünne Plätzchen auf ein mit Margarine befettetes Backblech streichen und im vorgeheizten Rohr bei 250° C 5 bis 8 Minuten hellbraun backen.
Plätzchen vorsichtig mit einem dünnen Messer vom Backblech lösen und noch heiß über einem Kochlöffelstiel einrollen.

TIP: Röllchen sehr rasch formen, da der Teig bricht, wenn er auskühlt.

PRO PORTION:

1 E + 75 K + 1/2 B + 1 F

1090 Joule
260 Kalorien
9 g Eiweiß
11 g Fett
28 g Kohlenhydrate
2,40 BE

Birnenstrudel, siehe Rezept Seite 140 ▶

ÜBERBACKENER SEMMELAUFLAUF

ZUTATEN FÜR 4 PORTIONEN:

180 g Semmeln, in Scheiben geschnitten
$^1/_8$ l Magermilch
4 kleine Äpfel, geschält, in dünne Scheiben geschnitten
$^3/_8$ l Apfelsaft

Vanillecreme:
4 Eidotter
Streusüßstoff
$^1/_4$ l Magermilch
Vanillearoma

4 Eiklar
Streusüßstoff
2 EL Kokosraspeln

Semmelscheiben in Milch einweichen.
Äpfel mit Saft kurz aufkochen und auskühlen lassen.
Die Zutaten für die Creme vermischen, aufkochen und umrühren, bis die Creme schön glatt ist.
Das Eiklar mit Streusüße zu steifem Schnee schlagen.
In eine Auflaufform lagenweise eingeweichte Semmelscheiben, Apfelscheiben, 1 EL Kokosraspeln und die Vanillecreme einfüllen. Dann die restlichen Semmel- und Apfelscheiben darüberlegen, mit $^1/_2$ EL Kokosraspeln bestreuen, den Apfelsaft darübergießen.
Eischnee mit den restlichen Kokosraspeln vermischen und obenauf verteilen.
Im vorgeheizten Rohr bei 190° C 45 Minuten backen.

PRO PORTION:

$1^1/_2$ B + 95 K + 1 O + 1 E

1668 Joule
399 Kalorien
15 g Eiweiß
11 g Fett
54 g Kohlenhydrate
4,49 BE

WEICHSELSTRUDEL

ZUTATEN FÜR 6 PORTIONEN:

3 Eier, getrennt
4 EL Streusüßstoff
2 $^1/_2$ EL griffiges Mehl
3 EL Weizenkleie
150 g Strudelteig
2 EL Pflanzenmargarine, zerlassen
600 g Weichseln oder schwarze Kirschen, gut getrocknet
Zimt
1 EL Vanillezucker
etwas Zitronenschale, gerieben, von unbehandelter Frucht
$^1/_8$ l Joghurt, bis 1%
flüssiger Süßstoff

Eiklar mit Streusüßstoff zu steifem Schnee schlagen. Eidotter, Mehl und Weizenkleie vorsichtig darunterheben. Strudelteig auf ein feuchtes Tuch legen und mit 1 EL Margarine bestreichen. Schneemasse auf $^3/_4$ des Teiges verteilen, mit Weichseln belegen und mit Zimt, Vanillezucker und Zitronenschale bestreuen. Zuletzt Joghurt mit Süßstoff glattrühren und auf die Fülle geben.
Strudel einrollen und auf ein mit Back-Papier ausgelegtes Backblech legen, mit restlicher Margarine bestreichen und im vorgeheizten Rohr bei 200° C 30 bis 40 Minuten goldgelb backen.

PRO PORTION:

$^1/_2$ E + 1 B + 1 F + 1 O + 20 K

1135 Joule
271 Kalorien
8 g Eiweiß
10 g Fett
30 g Kohlenhydrate
2,53 BE

WEINTRAUBENSTRUDEL

ZUTATEN FÜR 6 PORTIONEN:

240 g Topfen, 10%
Streusüßstoff
3 Eier, getrennt
Vanillearoma
Rumaroma
Zitronenschale, gerieben, von unbehandelter Frucht
1 EL Stärkemehl
180 g Strudelteig
720 g weiße Weintrauben
2 EL Pflanzenmargarine

Fülle: Topfen, Süßstoff, Eidotter, Aromen und Zitronenschale gut verrühren. Eiklar mit Süßstoff zu steifem Schnee schlagen. Schnee und Stärkemehl unter die Topfenmasse heben.
Strudelteig auf ein befeuchtetes Tuch legen, die Fülle auf $^2/_3$ der Teigfläche verteilen und mit gewaschenen, gut abgetrockneten Trauben belegen.
Teig einrollen und auf ein befettetes Backblech legen.
Strudel mit zerlassener Margarine bestreichen und im mittelheiß vorgeheizten Rohr bei 200° C ca. 30 Minuten braun backen.

PRO PORTION:

1 E + 5 K + 1 B + $1^1/_2$ O + 1 F

1289 Joule
307 Kalorien
12 g Eiweiß
10 g Fett
34 g Kohlenhydrate
2,93 BE

SÜSS-SPEISEN MIT OBST

ANANASDESSERT

ZUTATEN FÜR 4 PORTIONEN:

Biskuit:
4 Eier, getrennt
2 EL warmes Wasser
1 TL flüssiger Süßstoff
1 EL Zitronensaft
5 EL Mehl
1 TL Backpulver
2 TL Pflanzenöl
4 TL Mehl

Creme:
320 g Topfen, 10%
Streusüßstoff
Zitronenschale, gerieben, von unbehandelter Frucht
Vanillearoma
Rumaroma

200 g Ananas, in Stücke geschnitten
4 Maraschinokirschen

Biskuit: Eidotter mit warmem Wasser, Süßstoff und Zitronensaft schaumig rühren.
Eiklar mit einer Prise Salz zu steifem Schnee schlagen.
Mehl, mit Backpulver vermischt, abwechselnd mit dem Schnee zur Dottermasse mischen.
Die Masse fingerhoch auf ein mit Öl befettetes Back-Papier streichen und im vorgeheizten Rohr bei starker Hitze ca. 8 Minuten goldgelb backen. Biskuit auf ein bemehltes Back-Papier stürzen. Das mitgebackene Back-Papier schwach befeuchten und abziehen.
Biskuit in 8 gleichmäßig große Quadrate schneiden und erkalten lassen.
Creme: Topfen, Süßstoff, Zitronenschale und Aromen zu einer glatten Creme verrühren.
4 Biskuitquadrate mit Topfencreme bestreichen und die 4 unbestrichenen darauflegen. Die restliche Creme in einen Dressiersack füllen und schneckenförmig auf die Oberflächen der Biskuits aufspritzen.
Ananasstücke auf die Desserts verteilen und mit je 1 Maraschinokirsche garnieren.

PRO PORTION:

2 E + 1/2 B + 1/2 F + 20 K + 1/2 O

1334 Joule
319 Kalorien
19 g Eiweiß
10 g Fett
30 g Kohlenhydrate
2,57 BE

BANANENTRAUM

ZUTATEN FÜR 6 PORTIONEN:

180 g Toastbrotscheiben
2 EL Pflanzenmargarine, zerlassen
3 Bananen, schräg in ovale Scheiben geschnitten
Saft von 1 Zitrone

Guß:
3 Eier, getrennt
Vanillearoma
3/8 l Magermilch

Schokoladesauce:
1/4 l Magermilch
180 g Koch- oder Milchschokolade, in kleine Stücke zerteilt

Die Hälfte der Brotscheiben in eine mit 2 TL befettete Auflaufform legen und mit der übrigen Margarine beträufeln.
Die Hälfte der Bananenscheiben über das Brot verteilen und sofort mit Zitronensaft beträufeln.
Anschließend eine zweite Schicht Brot und dann den Rest der Bananenscheiben darauflegen.
Eidotter, Vanillearoma und Milch gut verrühren. Eiklar zu steifem Schnee schlagen und unterziehen. Über den Bananenauflauf gießen und im vorgeheizten Rohr bei 200° C 35 Minuten backen.
Für die Schokoladesauce die Milch aufkochen lassen, Schokoladestücke beigeben und umrühren, bis eine sämige Sauce entsteht.
Heiß oder kalt zum Bananentraum servieren.

TIP: Kokosflocken eignen sich sehr gut zum Dekorieren dieser Speise.

PRO PORTION:

1 B + 1 F + 1 O + 1/2 E + 190 K

1690 Joule
403 Kalorien
14 g Eiweiß
13 g Fett
51 g Kohlenhydrate
4,34 BE

Bananentraum, siehe Rezept Seite 144 ▶

BEEREN - FRÜHSTÜCK

ZUTATEN FÜR 2 PORTIONEN:

100 g Rundkornreis, trocken
3/8 l Magermilch
Vanillearoma
1 MSP Kardamom oder Zimtpulver
1 1/2 TL Akazienhonig
1 EL Zucker
1 EL Zitronensaft
240 g Beeren (z. B. Heidelbeeren, Himbeeren)

Den Reis in 1/4 l kochende Milch einstreuen und auf ausgeschalteter Herdplatte ca. 1 Stunde ausquellen lassen. Bei Gasherd auf niedrigster Flamme unter öfterem Umrühren so lange dünsten, bis der Reis weich ist.
Restliche Milch, Vanillearoma und Kardamom bzw. Zimt dem Milchreis beifügen, aufkochen und nochmals ca. 10 Minuten leicht kochen lassen. Honig darunterrühren.
Zucker im Zitronensaft auflösen und über die Beeren gießen, einige Zeit ziehen lassen. Beeren zum Reis servieren.

PRO PORTION:

2 B + 1/2 M + 70 K

1223 Joule
293 Kalorien
9 g Eiweiß
1 g Fett
58 g Kohlenhydrate
4,76 BE

BIRNENMERINGUE

ZUTATEN FÜR 4 PORTIONEN:

2 große Birnen, geschält, der Länge nach halbiert, Kerngehäuse ausgeschnitten
flüssiger Süßstoff
Zitronenschale, gerieben, von unbehandelter Frucht
1 EL Erdbeermarmelade
2 Eiklar
Streusüßstoff
1 EL Vanillezucker

Birnen in 1/2 l Wasser mit Süßstoff und Zitronenschale weich dünsten, herausnehmen und gut abtropfen lassen.
Eine flache, feuerfeste Form mit Marmelade ausstreichen und die Birnenhälften einlegen.
Eiklar mit Süßstoff und Vanillezucker zu steifem Schnee schlagen und über die Birnen verteilen.
Im vorgeheizten Rohr bei starker Oberhitze den Schnee braun werden lassen.
Sofort servieren!

PRO PORTION:

1 O + 40 K

284 Joule
67 Kalorien
3 g Eiweiß
0 g Fett
12 g Kohlenhydrate
0,98 BE

BRATÄPFEL

ZUTATEN FÜR 2 PORTIONEN:

2 kleine Äpfel, ungeschält, Kerngehäuse ausgestochen
1 EL Rosinen (10 g)
1/2 TL Pflanzenmargarine
1/8 l Wasser
flüssiger Süßstoff
1 EL Zitronensaft

Äpfel in eine feuerfeste Form stellen, mit Rosinen füllen, Margarine auf den Äpfeln verteilen.
Wasser, Süßstoff und Zitronensaft vermischen und dazugießen. Im vorgeheizten Rohr bei 250° C 20 bis 30 Minuten braten.
Warm servieren.

PRO PORTION:

1 O + 25 K

326 Joule
77 Kalorien
0 g Eiweiß
2 g Fett
13 g Kohlenhydrate
1,09 BE

FRÜCHTE - TOPFEN - CREME

ZUTATEN FÜR 4 PORTIONEN:

320 g Topfen, 10%
Streusüßstoff
1/8 l Joghurt, bis 1%
1 großer Pfirsich, kleingeschnitten
1 mittelgroße Banane, in Scheiben geschnitten
80 g Weintrauben

Topfen süßen und mit Joghurt glattrühren.
Früchte in die Topfencreme einrühren.

TIP: Treffen Sie für diese Speise je nach Wunsch und Saison die Obstauswahl.

PRO PORTION:

1 E + 10 K + 1 O

518 Joule
124 Kalorien
11 g Eiweiß
0 g Fett
16 g Kohlenhydrate
1,25 BE

FRUCHTSCHNITTE

ZUTATEN FÜR 1 PORTION:

45 g Toastbrot (2 Scheiben)
1 EL Marillenmarmelade
80 g Topfen, 10%
flüssiger Süßstoff
2 mittelgroße Marillen, in kleine Stücke geschnitten
1 1/2 EL Schlagobers, geschlagen

Toastbrot goldgelb toasten. Mit der halben Menge Marmelade bestreichen und die 2 Scheiben zusammenklappen. Topfen mit restlicher Marmelade und Süßstoff gut verrühren. Auf dem doppelten Toast verteilen, mit Obststücken belegen und mit Schlagobers garnieren.

TIP: Auch Beeren eignen sich vorzüglich für diese Speise. Die verwendete Marmelade sollte im Geschmack zu den Früchten passen.

PRO PORTION:

1 1/2 B + 110 K + 1 E + 1 O

1448 Joule
346 Kalorien
15 g Eiweiß
5 g Fett
53 g Kohlenhydrate
4,23 BE

GELEE - ORANGEN

ZUTATEN FÜR 2 PORTIONEN:

2 mittelgroße Orangen
Saft von 1/2 Zitrone
1 EL Zucker
3 Blatt Gelatine

Orangen halbieren und auspressen. Die Schalenhälften im Inneren von allen weißen Häutchen befreien.
Zitronensaft und Zucker mit dem Orangensaft vermischen.
Gelatine nach Vorschrift einweichen und in 3 EL heißem Wasser auflösen. Zum Orangensaft geben, in ein Schüsselchen gießen und mehrere Stunden stehen lassen, bis die Masse fest geworden ist.
Das Gelee grob hacken und in die Orangenhälften füllen.

PRO PORTION:

1 O + 30 K

360 Joule
86 Kalorien
3 g Eiweiß
0 g Fett
17 g Kohlenhydrate
1,39 BE

HIMBEERDESSERT

ZUTATEN FÜR 2 PORTIONEN:

1/4 l Joghurt, bis 1%
200 g Magertopfen
2 EL Obers
1 mittelgroße Banane, in Stücke geschnitten
240 g Himbeeren
2 EL Zitronensaft
Vanillearoma
1 EL Himbeersirup
2 TL Kokosraspeln

Joghurt, Topfen und Obers mit dem Handmixer cremig rühren. Bananenstücke und die Hälfte der Himbeeren pürieren und mit der Topfencreme vermischen. Zitronensaft und Vanillearoma unterrühren und mit Sirup süßen.
Restliche Himbeeren unterheben und das Fruchtdessert in Schalen anrichten. Mit Kokosrapseln bestreut servieren.

PRO PORTION:

1/2 M + 1 E + 90 K + 2 O

1309 Joule
312 Kalorien
20 g Eiweiß
5 g Fett
38 g Kohlenhydrate
3,13 BE

ORANGENGELEE

ZUTATEN FÜR 1 PORTION:

1 mittelgroße Orange
1/16 l Orangensaft
flüssiger Süßstoff
2 Blatt Gelatine

Bei der Orange den Deckel abschneiden. Fruchtfleisch herauslösen und pürieren oder sehr klein schneiden. Fruchtfleisch mit Orangensaft vermischen und erhitzen, mit Süßstoff süßen und eingeweichte Gelatine darin auflösen. 2 bis 3 Minuten abkühlen lassen, dann in die Orange füllen.
Im Kühlschrank erstarren lassen.

PRO PORTION:

1 1/2 O

427 Joule
102 Kalorien
4 g Eiweiß
0 g Fett
19 g Kohlenhydrate
1,56 BE

REIS - HIMBEER - PUDDING

ZUTATEN FÜR 4 PORTIONEN:

$^1/_2$ l Magermilch
flüssiger Süßstoff
Vanillearoma
Zitronenschale, gerieben, von unbehandelter Frucht
4 TL Pflanzenmargarine
100 g Langkornreis
6 Blatt Gelatine
480 g Himbeeren, püriert
12 EL Schlagobers, geschlagen

Milch süßen, Aroma, Zitrone und Margarine beifügen, zum Kochen bringen.
Reis in die Milch geben und unter ständigem Rühren 20 bis 25 Minuten kochen lassen, bis eine sämige Konsistenz erreicht ist. Wenn nötig, mit etwas Milch verdünnen.
Gelatine nach Vorschrift einweichen und in die heiße Reismasse einrühren. Masse in Puddingform füllen und kalt stellen.
Danach auf Dessertteller stürzen, mit gesüßtem Himbeerpüree übergießen und mit Schlagobers garnieren.

TIP: Wenn Sie Kalorien sparen möchten, dann servieren Sie den Pudding ohne Schlagobers.

PRO PORTION:

$^1/_2$ M + 1 F + 1 B + 1 O + 100 K

1183 Joule
284 Kalorien
9 g Eiweiß
15 g Fett
22 g Kohlenhydrate
1,76 BE

SCHNEENOCKERLN MIT FRUCHTSAUCE

ZUTATEN FÜR 2 PORTIONEN:

1 Eiklar
1 EL Staubzucker
$^1/_2$ l Magermilch
Vanillearoma
300 g Erdbeeren
flüssiger Süßstoff
etwas Zitronensaft

Eiklar steif schlagen, Zucker dazurühren.
Milch zum Kochen bringen, Vanillearoma beigeben.
Aus der Schneemasse Nockerln ausstechen und in der heißen Milch 10 Minuten ziehen lassen, herausnehmen, abtropfen und auskühlen lassen.
Erdbeeren pürieren, mit Süßstoff und Zitronensaft vermischen.
Schneenockerln in Dessertschalen anrichten und mit Fruchtsauce übergießen.

TIP: Milch kann für andere Speisen verwendet werden, z. B. für Pudding.
Diese Schneenockerln schmecken auch mit Fruchtsauce aus Himbeeren oder Brombeeren vorzüglich.
Reife Pfirsiche oder Marillen lassen sich ebensogut zu Fruchtsauce verarbeiten.

PRO PORTION:

40 K + 1 O

779 Joule
187 Kalorien
13 g Eiweiß
1 g Fett
28 g Kohlenhydrate
2,39 BE

MÜSLIS

BIRCHERMÜSLI

Zutaten für 1 Portion:

30 g Müsli, ohne Zucker (Fertigprodukt)
2 TL Zucker
Saft von 1/2 Zitrone
1/4 l Magermilch
1/2 kleiner Apfel (oder Obst nach Saison)
10 g Rosinen

Müsli, Zucker, Zitronensaft und Magermilch verrühren. Obst kleinschneiden oder raffeln und daruntermischen.

Pro Portion:

1 B + 70 K + 1 M + 1 O

1198 Joule
287 Kalorien
13 g Eiweiß
4 g Fett
47 g Kohlenhydrate
3,85 BE

KARIBIK - MÜSLI

Zutaten für 1 Portion:

100 g Magertopfen
1/8 l Joghurt, bis 1%
flüssiger Süßstoff
20 g Trockenobst, gemischt
25 g Haferflocken
1 EL Kokosflocken
1 TL Zucker

Topfen mit Joghurt und Süßstoff verrühren. Trockenobst einweichen, gut abtropfen lassen und mit den Haferflocken unter den Topfen mischen.
Kokosflocken mit Zucker in einer beschichteten Pfanne leicht bräunen und zuletzt über das Müsli streuen.

Pro Portion:

1 E + 1/2 M + 1 O + 1 B + 50 K

1415 Joule
338 Kalorien
22 g Eiweiß
3 g Fett
48 g Kohlenhydrate
4,03 BE

KNUSPER - MÜSLI

Zutaten für 1 Portion:

50 g Magertopfen
1 TL Zitronensaft
Zitronenschale, gerieben, von unbehandelter Frucht
1 EL Mandarinensaft, ohne Zucker
1 TL Sonnenblumenkerne, grobgehackt
1/2 kleiner Apfel, in kleine Stücke geschnitten
1/2 mittelgroße Banane, in Scheiben geschnitten
25 g Cornflakes

Den Topfen mit Zitronensaft und -schale, Mandarinensaft und Sonnenblumenkernen gut vermischen. Die Apfelstücke und Bananenscheiben unterheben. Zuletzt mit Cornflakes bestreuen.

Pro Portion:

1/2 E + 30 K + 1 1/2 O + 1B

1067 Joule
256 Kalorien
11 g Eiweiß
2 g Fett
40 g Kohlenhydrate
3,40 BE

Müsli Exotica, siehe Rezept Seite 152 ▶

MÜSLI EXOTICA

ZUTATEN FÜR 2 PORTIONEN:

1 große Kiwi, geschält
1/2 Banane, geschält
1/2 kleine Mango, geschält
1 große Nektarine, entkernt
2 TL Zitronensaft
50 g Haferflocken
2 TL Kokosraspeln
2 TL Streusüße
1/2 l Joghurt, bis 1%

Kiwi und Banane in Scheiben, Mango und Nektarine in Würfel schneiden. Sofort mit Zitronensaft beträufeln. Haferflocken und Kokosraspeln unter das Obst mengen, mit Streusüße süßen.
Joghurt separat dazureichen oder nach Belieben mit dem Obst vermischen.

PRO PORTION:

2 O + 1 B +
10 K + 1 M

1354 Joule
322 Kalorien
15 g Eiweiß
4 g Fett
48 g Kohlenhydrate
4,06 BE

MÜSLI MIT GERÖSTETEN HAFERFLOCKEN

ZUTATEN FÜR 1 PORTION:

1/4 l Joghurt, bis 1%
80 g Topfen, 10%
flüssiger Süßstoff
1/2 Banane, in Scheiben geschnitten
Zitronensaft
25 g Haferflocken
1 TL Pflanzenmargarine
1 TL Zucker

Joghurt mit Topfen und Süßstoff gut verrühren, Bananenscheiben und Zitronensaft unterziehen.
Haferflocken in Margarine rösten und mit dem Zucker über den Joghurt-Früchte-Topfen streuen.

PRO PORTION:

1 M + 1 E + 1 O +
1 B + 1 F + 20 K

1484 Joule
355 Kalorien
24 g Eiweiß
8 g Fett
40 g Kohlenhydrate
3,34 BE

TOPFEN - JOGHURT - MÜSLI

ZUTATEN FÜR 1 PORTION:

1/4 l Joghurt, bis 1%
80 g Topfen, 10%
Saft von 1/2 Zitrone
1 TL Honig
20 g Rosinen
25 g Vollkornflocken

Alle Zutaten gut verrühren.

TIP: Sie können dieses Müsli mit einer zweiten Obstportion erweitern, z. B.: 1 kleiner, geraspelter Apfel, 1 großer, kleingeschnittener Pfirsich oder 150 g Erdbeeren.

PRO PORTION:

1 M + 1 E + 20 K +
1 O + 1 B

1447 Joule
347 Kalorien
23 g Eiweiß
2 g Fett
51 g Kohlenhydrate
4,21 BE

GETRÄNKE, SHAKES

ERDBEER - DRINK

ZUTATEN FÜR 4 PORTIONEN:

300 g Erdbeeren
1/8 l Orangensaft
flüssiger Süßstoff
1/8 l Grapefruitsaft
Eiswürfel

Erdbeeren mit Orangensaft im Mixer fein pürieren. Mit Süßstoff süßen und mit dem Grapefruitsaft vermischen. Mit Eiswürfeln in 4 Gläser füllen.

PRO PORTION:

1 O

271 Joule
64 Kalorien
1 g Eiweiß
0 g Fett
12 g Kohlenhydrate
1,03 BE

HEISSE SCHOKOLADE

ZUTATEN FÜR 1 PORTION:

1/4 l Magermilch
1 EL Kakaopulver, ungesüßt
flüssiger Süßstoff
1 1/2 EL Schlagobers, geschlagen

3 EL Milch von der Gesamtmenge wegnehmen und mit Kakaopulver und Süßstoff gut versprudeln.
Restliche Milch zum Kochen bringen, Kakao einrühren, kurz aufkochen lassen, mit dem Schneebesen schaumig schlagen. Zuletzt mit Schlagobers garnieren und etwas Kakaopulver darüberstreuen.

PRO PORTION:

1 M + 65 K

592 Joule
143 Kalorien
11 g Eiweiß
3 g Fett
16 g Kohlenhydrate
1,33 BE

KAROTTEN - DRINK

ZUTATEN FÜR 2 PORTIONEN:

1/4 l Karottensaft
1/4 l Apfelsaft
Saft von 1/2 Zitrone
Eiswürfel

Karotten- und Apfelsaft vermischen, in 2 Gläser füllen, Zitronensaft und Eiswürfel dazugeben und gut umrühren.

PRO PORTION:

50 K + 1 O

537 Joule
128 Kalorien
1 g Eiweiß
1 g Fett
27 g Kohlenhydrate
2,20 BE

MILCHSHAKE MIT KAROTTEN

ZUTATEN FÜR 4 PORTIONEN:

1 kleiner Apfel, sehr fein geraspelt
200 g Karotten, sehr fein geraspelt
1/2 TL Zitronenschale, gerieben, von unbehandelter Frucht
1 l Buttermilch
Salz, Kresse

Apfel, Karotten und Zitronenschale mit kalter Buttermilch vermischen und mit Salz und Kresse würzen.

PRO PORTION:

15 K + 1/2 G + 1 M

483 Joule
115 Kalorien
10 g Eiweiß
1 g Fett
15 g Kohlenhydrate
1,23 BE

ORANGEN - ANANAS - DRINK

ZUTATEN FÜR 2 PORTIONEN:

200 g Ananas
1/4 l Orangensaft, von Blutorangen
Saft von 1 Zitrone
Eiswürfel

Ananas mit Orangen- und Zitronensaft im Mixer fein pürieren.
Saft in 2 Gläser füllen und Eiswürfel dazugeben.

PRO PORTION:

2 O

565 Joule
135 Kalorien
2 g Eiweiß
0 g Fett
28 g Kohlenhydrate
2,35 BE

PFIRSICHBOWLE – ALKOHOLFREI

ZUTATEN FÜR 12 PORTIONEN:

3 Pfirsiche, enthäutet, entkernt, in Stücke geschnitten
Saft von 2 Zitronen
1/8 l Orangensaft
1 l Apfelsaft
5 Blätter Zitronenmelisse
5 Blätter Pfefferminze
1/2 l Mineralwasser

Pfirsichstücke sofort mit Zitronen- und Orangensaft übergießen. Apfelsaft zugeben, bis die Pfirsiche gut bedeckt sind. Zitronenmelisse und Pfefferminze beifügen.
Kalt stellen und 2 bis 3 Stunden ziehen lassen. Mit restlichem Apfelsaft übergießen und vor dem Servieren Mineralwasser dazugeben.

TIP: Die Bowle sollte gut gekühlt mit einer Temperatur von 7 °C serviert werden.
Gießen Sie Mineralwasser oder Schaumwein über einen umgekehrten Schöpfer in die Bowle, damit das Getränk soviel Kohlensäure wie möglich enthält.
Auf Beigabe von Alkohol kann man ohne weiteres verzichten.

PRO PORTION:

1 O

271 Joule
64 Kalorien
1 g Eiweiß
0 g Fett
12 g Kohlenhydrate
1,03 BE

TEEBOWLE

ZUTATEN FÜR 12 PORTIONEN:

6 bis 8 TL schwarzer Tee
1 l Wasser
8 EL Zucker
Zitronensaft von 2 Zitronen
1/2 l Rotwein
1 mittelgroße Banane, in Scheiben geschnitten
2 große Kiwis, geschält, in Scheiben geschnitten
1 mittelgroße Orange, geschält, in Stücke geschnitten
100 g Ananas, in Stücke geschnitten
Eiskugeln oder -würfel

Den Tee mit kochendem Wasser überbrühen und 4 bis 5 Minuten ziehen lassen, danach abseihen.
Zucker und Zitronensaft in den Tee geben und mit dem Rotwein auffüllen.
Obst hinzugeben und gut kühlen.
Vor dem Servieren einige Eiskugeln oder -würfel hinzufügen.

TIP: Sie können ganz nach Belieben Ihre persönliche Auswahl beim Obst treffen.

PRO PORTION:

75 K + 1/2 O

397 Joule
94 Kalorien
0 g Eiweiß
0 g Fett
16 g Kohlenhydrate
1,31 BE

TRINK - DICH - FIT - JOGHURT

ZUTATEN FÜR 1 PORTION:

1/4 l Joghurt, bis 1%
Salz, Pfeffer
Paprikapulver
1 Tomate, würfelig geschnitten
100 g Salatgurke, würfelig geschnitten
Dille, feingehackt

Joghurt gut durchschlagen, würzen und mit Gemüsewürfeln vermengen. Mit Dille bestreuen und gut gekühlt servieren.

PRO PORTION:

1 M + 1 G

612 Joule
146 Kalorien
11 g Eiweiß
4 g Fett
15 g Kohlenhydrate
1,27 BE

TOMATEN - DRINK

ZUTATEN FÜR 2 PORTIONEN:

1/8 l Tomatensaft
Saft von 1/2 Zitrone
1 Eidotter
Salz, Pfeffer
Eiswürfel

Tomaten- und Zitronensaft mit dem Eidotter gut versprudeln, salzen und pfeffern.
In 2 Gläser füllen, Eiswürfel dazugeben und gut umrühren.

PRO PORTION:

40 K

266 Joule
63 Kalorien
2 g Eiweiß
5 g Fett
2 g Kohlenhydrate
0,10 BE

WEIGHT WATCHERS

Weight Watchers International, Inc., New York, ist die größte Organisation der Welt auf dem Gebiet der kontrollierten Gewichtsreduktion. Das erfolgreich durchgeführte Konzept – ein von Ärzten und Ernährungswissenschaftlern ausgearbeitetes Ernährungsprogramm zur Gewichtsreduktion, verbunden mit Diskussionsgruppen – wurde auch in anderen Ländern aufgebaut.
Seit der Gründung im Jahre 1963 in den USA haben mehr als 15 Millionen Menschen Weight Watchers Kurse besucht. Heute nehmen weltweit mehr als eine Million Menschen pro Woche an 32 000 Kursen in 24 Ländern teil.
Die Gründung von Weight Watchers Österreich erfolgte 1974. Über 100 000 Menschen haben seither Weight Watchers Kurse besucht. Derzeit sind es mehr als 150 Kurse in ganz Österreich.
Obwohl Weight Watchers Österreich alle Erkenntnisse und Erfahrungen der großen internationalen Organisation nützt, sind doch sämtliche Programmbestandteile auf die österreichische Mentalität und die spezifischen Gewohnheiten unserer Landsleute abgestimmt.

Weight Watchers Zentralen:

CENTER WIEN
Dr.-Karl-Lueger-Ring 8, 1010 Wien, Tel. (0222) 637 637

CENTER LINZ
Ederstraße 10, 4020 Linz, Tel. (0732) 66 03 09

CENTER GRAZ
Brückenkopfgasse 1/3, 8020 Graz, Tel. (0316) 91 21 46

REGISTER